아버지 유진길을 따르는 아들을 어머니는 상당히 논리적으로 설득하죠.
"엄마의 눈을 바로 봐라.
천주학을 믿다가 누구도 죽었고, 누구도 죽었다.
지금도 아버지가 천주학을 믿는다는 것이 밝혀지면 잡혀가서 죽는다.
너마저 죽으면 후손이 있느냐 없느냐. 사서삼경 읽어봐라.
자손을 번창하게 하는 것이 가문의 할 일인데 네가 그럴 수 있느냐."

이때 열세 살밖에 안된 그 어린 소년이 긴 얘기 하지 않고 딱 한마디로 답합니다.
"어머니 말씀 다 맞고 어머니 말씀을 들어야 한다는 것도 알겠습니다.
그러나 순서가 있습니다.
아버지 말씀보다는 할아버지 말씀을 먼저 들어야 하고,
할아버지 말씀보다는 하느님 말씀부터 먼저 들어야 합니다."

우리나라 최연소 소년 성인

신부들이 하수구로, 돌림병 환자로 위장해 국경을 통과하지만
키는 크지요, 얼굴도 이상하지요, 눈에 당장 띄지 않겠어요?
그런데다가 전국에 오가작통법이 시행되어 보는 대로 밀고하는데
어떻게 그분들이 선교를 할 수 있겠어요.

신부들은 일단 국경을 통과하면
교우들이 미리 준비해간 상복을 입습니다.
그리고 얼굴이 안 보이게 방갓 딱 쓰고
몹시 슬픈 척하면서 길을 갑니다.
모두 길 비켜주지요, 말도 안 걸지요.
우리나라 말 모르는데 말 걸면, 당장 들통 나지요.
이렇게 서울까지 와서 선교하러 다녔던 겁니다.

그래서 샤스탕 신부는 신자들한테
자기 상복과 방갓을 들어보이며 '천사의 날개'라고 했답니다.
통행증 노릇을 단단히 한 거죠.

천사의 날개, 상복과 방갓

하늘로 가는
나그네 하

ⓒ2006 흰물결

한국천주교회사
하늘로 가는 나그네 하

펴낸곳 도서출판 흰물결
강 의 김길수
엮 음 가톨릭다이제스트
표지그림 일랑 이종상

초판 1쇄 발행일 2007년 3월 19일
초판 6쇄 발행일 2023년 11월 1일

주 소 06595 서울 서초구 반포대로 150 흰물결아트센터 4층
등 록 1994. 4.14 제3-544호
대표전화 02-535-7004 팩스 02-596-5675
이메일 mail@cadigest.co.kr
홈페이지 catholicdigest.kr

값 15,000원
ISBN 978-89-9533387-7
ISBN 978-89-9533388-4 (전2권)

하늘로 가는 나그네 하

김길수 강의
한국천주교회사

가톨릭다이제스트 엮음

하늘로 가는 나그네

교황에게 보낸 최초의 편지
교황을 감동케 한 정하상

정하상은 베이징北京의 구베아 주교에게 사제영입운동을 벌입니다. 구베아 주교가 돌아가신 뒤에는 사라이바 주교에게 청하죠. 그런데 정하상이 직접 아홉 차례 탐사를 하면서 교황님이 계신다는 걸 알고 '주교님한테 간청하는 것보다 차라리 교황님한테 하자.'라고 생각합니다.

유진길은 만 권의 책이 움직인다고 한 사람입니다. 그 학식과 깊은 진심으로 유진길은 정하상과 함께 편지를 씁니다. 이 편지의 내용이 참 놀랍고 대단한데 그 이유는 첫째, 이게 한국교회 평신도가 교황에게 보낸 최초의 편지인데 교황이 어떤 분인가를 충분히 알고 쓴 편지란 점입니다. 요새도 주교에게 '아무 주교선생 각하' 이렇게 써놓은 편지들이 와있습니다. 그런데 그 옛날 교황에 대해서 정확하게 알고 표현했다는 것이 놀랍지요.

둘째, 이 편지에 긴긴 세월 사제를 보내달라고 청원해온 열의가 사무쳐 있습니다. 보통 열정이 너무 뜨겁다 보면 예의를 못 지키게 되지요. 그런데 이 편지는 그 사무친 한이 구절구절 적나라하여 읽으면 피를 끓게 하면서도 예의에 한 점 실수가 없다는 것이 놀라울 뿐입니다.

요지를 보면 이렇습니다. 목자 없는 한국교회를 굶주리고 있는 사람으로 표현하고 있습니다. 이 굶주리고 있는 사람에게 먹을 것을 줄 사람, 즉 사제가 없어서 지금 굶어 죽어가고 있다고 한국교회의 사정을 비유합니다. 얼마나 절절한 비유입니까. 목자가 없어 벌써 굶은 지 오래되었고 목숨이 경각에 달했으니 사제가 와서 살려야 한다 이거죠.

그러면서 "우리의 시급함을 예사로 알지 마십시오. 하루라도 늦으면 죽을 것이고 이미 죽은 후에 신부가 백 명이 온들 무슨 소용이 있습니까." 그러니 시급하게 보내주기를 청합니다.

그래놓고 또 뭐라고 그랬느냐.

"그러나 시급히 오라고 한다고 혼자 달랑 오지 마십시오. 배고파 누웠다고 우선 먹을 것만 가져오면 먹고 나서 또 굶을 거아닙니까? 한 차례 먹고 며칠 더 살고 죽을 양이면 차라리 이대로 지금 안 먹은 채로 죽겠습니다."

항구한 대책을 보내주시라고 청한 것이죠.

레오 12세 교황에게 이 편지를 보냅니다. 그때 전교담당 포교성성 장관이 카펠라리 추기경입니다. 이분이 편지를 읽고 깊이 감동합니다. 그래서 열심히 교황에게 이 사실을 보고합니다. 교황도 그 내용을 보고 감동해서 카펠라리 추기경에게 시급히 항구한 대책을 세워주라고 합니다.

카펠라리 추기경이 파견할 사제를 찾는데 누구한테 말할 곳이 있어야지요. 스페인과 포르투갈은 국력이 떨어져서 외국에 선교사를 보낼 형편이 못 됩니다. 프랑스도 신부 수는 주는데 아시아 전역, 터키, 태국, 마닐라 등 선교지역에서는 신부 보내달라고 야단입니다.

그러나 편지에 깊이 감동한 카펠라리 추기경은 그냥 있을 수 없어 마카오 주재 포교성성 경리부장 움비에레스 신부와 파리외방전교회 교장인 친구, 랑글로아 신부와 협의해 조선에 독립된 포교지를 설치하여 교황청에 직속시키고 포교사업은 파리외방전교회에 맡기기로 했습니다.

그런데 교장신부가 아무리 열심히 조선에 보낼 사제를 찾아봐도 없거든요. 그래서 대체 조선이 어디에 있는지도 모르고, 또 그게 어디든 간에 배를 타고 가야 하는데 뱃삯도 없고, 도대체 갈 신부가 없다고 말합니다.

그러면서 "모래 위에 집을 짓지 않는다."는 성서구절을 인용하며 아무리 급하다고 한들 어떻게 아무 기초도 근거도 없이 갈 수 있느냐고 합니다.

카펠라리 추기경이 그 내용을 읽어보니 한마디도 틀린 얘기가 아니거든요. 할 수 없이 교황청에 보고를 합니다.

그렇지만 카펠라리 추기경과 랑글로아 교장신부는 이 기막힌 편지를 보고 차마 가만히 있을 수 없어 조선의 평신도들이 쓴 바로 그 편지를 불어로 번역해서 파리외방전교회 소속 포교지의 주교가 있는 곳에 다 보냅니다. 그래서 파리외방전교회 주교들이 있는 전지역에 이 피맺힌 편지가 가지요.

"갈 사람이 없다면 나라도 가겠다"

조선 초대교구장 브뤼기에르 주교

이 편지가 샴태국의 옛이름에도 배달됩니다. 그곳에 계시던 주교의 연세가 많아 사목을 더 하실 수 없어서 보좌주교를 한 사람 두었습니다. 그 보좌주교 바르톨로메오 브뤼기에르 신부가 편지를 읽고 잠을 못 이룹니다.

이 편지를 보낼 때 이미 파리외방전교회 장상들이 조선에 선교사제를 보내지 못하는 이유를 함께 밝혀놨기 때문에 브뤼기에르 신부는 전전긍긍 괴로워하다가 교황께 바로 편지를 씁니다. 그 내용 또한 우리 평신도의 열의에 찬 편지처럼 기가 막힙니다.

장상들이 조선에 신부를 보내지 못하겠다는 이유들이 틀렸다고 조목조목 공격합니다. 어떻게 말하는지 들어보십시다.

첫째, "돈이 없어서 못 간다. 당장 뱃삯이라도 있어야지 조선선교하라고 하면서 어떻게 맨손으로 가라고 하느냐."

이에 대해서 브뤼기에르 신부는 이유 중 가장 합당하지 못하다고 말합니다. 하느님의 복음을 선포하는데 돈이 필요했다면 예수그리스도는 재벌아들로 태어났을 것이다. 그가 가난한 목수의 아들로 태어나서도 복음을 전했는데 그를 본받아 복음을 전한다는 이들이 어떻게 돈이 없어서 무엇을 못한다는 말을 할 수 있느냐는 것이지요.

"선교를 하고자 함에 돈이 없어서 못한다는 사람들에게 묻는다. 그대들에게 진짜 없는 것이 무엇인가? 돈이 없는가, 신앙이 없는가?"

무서운 소리지요.

둘째, "'보낼 신부가 없다.' 이것은 말은 된다. 그렇지만 이유로는 충분하지 않다. 예수님께서 복음을 선포할 때 열두 제자를 거느리셨다. 지금 사도로서 봉사하는 사제 수가 몇 명이냐, 열두 명은 더 되지 않느냐? 그럼 예수시대보다 많다."

억지소리 같지만 브뤼기에르 신부는 논리적으로 잘 설명합니다. 예컨대 A라는 지역에 신부가 50명이 필요한데 현재 6명밖에 안 계신다. 그런 처지에 조선에 보낼 신부가 어디 있느냐 이거지요. 그런데 브뤼기에르 신부는 이것이 말이 안되는 소리라는 거죠.

"봐라! 50명이 필요한데 6명밖에 없으면 44명이 모자라지만 그래도 6명 중 한 분을 보내야 한다. 왜 그러냐. 44명 모자라나 45명 모자라나 무슨 차이가 있느냐. 조선에는 한 명도 없지 않느냐. 조선 평신도 편지를 보았다면 어떻게 그런 소리를 할 수 있느냐."고 합니다. 신앙이 아니고서는 알아들을 수 없는 소리입니다.

셋째, "도대체 조선이라는 나라가 어디에 있는지 모르겠다. 어찌 가느냐."

거기에 대해서 브뤼기에르 신부는 "대단히 부끄러운 얘기다. 그들은 사제도 없는 곳에서 이미 순교를 하며 목자가 있는 곳을 찾아 그 어두운 곳에서 편지까지 보냈는데 목자라는 사람들은 양떼의 편지를 받고도 그게 어디인지 몰라 갈 수 없다니 말이 되느냐. 찾아가야 한다."고 주장합니다.

마지막으로 "조선까지 갈 수 있을지 그것도 문제고, 또 조선은 현재 박해를 하고 있어 신부를 보내봐야 붙잡혀 죽는데 거기를 어떻게 보내느냐."

그것에 대해서 브뤼기에르 신부가 얘기하지요.

"쓸데없는 소리 이제 그만 하자. 그러한 조선에 사제가 가서 교회가 손해볼 거 없다. 사제가 양떼를 만나면 사목을 해서 좋고, 가서 죽는다면 순교자를 얻는 것이다."

그리고 이렇게 말합니다.

"내가 한 말이 절대 맞다고 생각한다. 우리는 지금 백 가지 이유 때문이 아니라 신앙이 모자라고 애덕이 모자라는 거다. 내 말이 안 맞아도 좋으니 실제로 조선에 사제가 한 사람 가야 하지 않느냐. 한 사람도 갈 사람이 없다면 나라도 가겠다."

이렇게 해서 스스로 조선파견을 자청하게 됩니다.

교황에게 이 편지를 발송해놓고 며칠이 지난 뒤 교황에게 두 번째 편지를 다시 씁니다.

"조선 평신도들의 절절한 요청에 너무 흥분해서 제가 가야한다는 이유를 앞에 적은 바와 같이 보냈습니다. 저는 지금도 그 믿음이 틀렸다고 생각하지 않습니다. 그러나 이 일은 제가 결정할 일이 아니고 윗분들이 결정할 일입니다. 제 논리가 맞든

안 맞든 관계치 마십시오. 저는 장상이 결정하시는 대로 따르겠습니다. 이제 저는 순명하기 위해서 지금부터 이곳에서 영원히 머무를 것처럼 일하면서 곧 떠날 것처럼 준비하고 있겠습니다."

이게 사제의 겸손과 순명입니다.

이 편지가 교황청에 가는데, 여러분! 편지 부치면 요즘처럼 일주일만에 가는 걸로 알면 안됩니다. 옛날에는 우리나라에서 편지보내면 교황청에 가는데 1년 걸렸지요.

편지가 갔을 때는 레오 교황이 돌아가시고 그레고리오 16세 교황이지요. 전에 레오 교황이 계실 적에 편지를 주고받았는데 딴 교황이 받으니 편지내용을 알 수가 있나 말입니다. 그런데 이 그레고리오 16세 교황이 누군 줄 아십니까? 조선에서 온 편지를 받고 가장 감동했던 바로 그 카펠라리 추기경이 교황이 되신 거예요.

그러니 이름 모를 한 신부가 그렇게 열렬한 편지를 보내오니 얼마나 기뻤겠어요. 주저하지 않고 바로 1831년 9월 9일 두 개의 교서를 동시에 발표합니다. 첫 번째 교서는 "조선교구를 완전히 독립시켜서 독립된 교구로 설정한다."는 것이고 두 번째 교서는 "그 최초의 독립된 교구의 초대교구장으로 바르톨로메오 브뤼기에르 주교를 임명한다."는 것입니다.

보통 교서가 '시스티나성당'에서 발표되는데 이 교서는 9월 9일 '마리아성당'에서 발표됐습니다. 그래서 한국교회의 주보가 마리아가 되는 원인이 됩니다.

우리나라의 광복절이 무슨 축일입니까. '마리아 축일'이지요. 이런 것을 신앙인의 눈으로 뭔가 의미있게 봐야 하지 않느냐 하는 생각을 가집니다.

"내 양떼가 기다리는 조선으로"

1910년에 한일합병이 됩니다. 일본은 그 15년 전, 청나라에 조선이 독립국임을 선언하라고 요청했습니다. 왜 그랬겠어요? 조선이 독립국이 되면 일본이 조선을 쳐도 중국이 참견 못하잖아요.

청나라는 일본의 등쌀에 못 이겨 조선이 청나라의 속국이 아니고 독립국임을 선언합니다. 이게 국제적으로 우리나라가 독립국임을 선포한 유일한 선언이라고 합니다. 이 창피스러운 역사를 얘기하려면 한이 없습니다.

연해주는 원래 청나라 땅인데 러시아가 태평양 진출을 위해

청나라에 압력을 넣어 차지해버립니다. 그래서 러시아도 우리나라 국경인 두만강에 딱 붙습니다.

그렇게 되어도 우리나라가 아무 눈치를 못 채고 있으니 청나라 북양대신 이홍장이 답답해서 우리나라에 알려줍니다. "연해주가 러시아 것이 되면 러시아와 당신 나라의 국경이 맞붙습니다."라고.

그 말을 듣고 조정에서 뭐라고 했는지 아세요? "우리 땅이 아닌데 러시아 거든 중국 거든 무슨 관계냐."고 합니다. 그 때문에 6·25가 터지고 남북분단이 되고 그런 거 아닙니까.

더욱 가관인 것은 러시아가 연해주를 차지하고 한반도를 통해 태평양으로 진출하려는 것을 영국이 알아채고 이걸 막기 위해 1885년에 거문도를 점령하는 사건을 벌입니다.

거문도를 영국군이 점령하던 그날 고종은 어전회의를 엽니다. 3정승 6판서를 불러놓고 "영국이 어떤 나라이기에 짐의 강토를 강점하느냐?"고 묻습니다.

대신이 "영국은 해적국이라 도처에서 노략질하던 버릇을 버리지 못해 무엄하게도 폐하의 강토를 강점했으나 폐하의 하해와 같은 은덕을 아는 한 스스로 물러갈 것이니 심려 놓으소서."라고 대답합니다.

그러니 나라가 지켜지겠어요? 100년 전에 그 짓을 했으면 지금은 안 그래야지요. 그런데 공항에서 보면 아직도 일제 밥통 사들고 오는 사람들이 있어요. 참 피통 터질 일입니다.

이런 얘기를 하는 것은 다른 뜻이 있어서가 아닙니다. 1831년 9월 9일 교황청에서 조선교회를 독립된 교구로 인정했다는 것은 벌써 조선을 독립국가로 인정한 것 아닙니까. 그렇다면 외교적으로 굉장히 중요한 의미가 있다 이 말입니다. 이것을 역사학계에서 학술 심포지엄이라도 열었으면 좋겠습니다. 역사적 진리를 아무렇게나 처리해서야 되겠어요?

교황청에서 이렇게 발표하던 때에 당사자인 바르톨로메오 브뤼기에르 신부는 어디에 있었습니까? 태국입니다. 그는 근 1년 뒤인 1832년 7월 25일 그 소식을 듣고 3일 만에 바로 출발합니다. 이때 브뤼기에르 신부가 조선이 어디인지 압니까? 모릅니다. 돈도 없지요.

그가 보낸 편지의 마지막 구절을 기억하십니까? "영원히 일할 것처럼 머물면서 곧 떠날 것처럼 준비하겠다."고 했었지요. 브뤼기에르 신부는 태국을 위해 얼마나 헌신적으로 사목을 하는지 모릅니다. 영원히 머물 것처럼 말이죠.

그런데 조선교구 교구장이 됐다는 소식을 듣고 딱 3일 만에 떠납니다. 곧 떠날 것 같이 준비를 했지요. 참 놀랍습니다.

출발할 때 조선이 어디에 있는지 모르니까 말레이시아 페낭의 신학교에 공부하러 왔다가 졸업을 못한 왕요셉이라는 자에게 길안내를 부탁합니다.

브뤼기에르 신부는 샴에서 갖고 있던 돈을 다 주고 중국에 들어가는 배표를 달라고 합니다. 샴에서 중국에 가려면 홍콩을 거쳐야 합니다. 상당히 멀죠. 돈을 세어보더니 거기 가는 표를 못 주겠다고 합니다.

보통 사람 같으면 돌아가 어디서라도 돈을 얻어 떠날 텐데 이분은 "그럼 이 돈 가지고 갈 수 있는 곳이 어디냐?"고 묻습니다. 뱃삯 받는 사람도 바보같이 중국 가려고 하는 사람 보고 "마닐라입니다." 했어요. 브뤼기에르 신부는 기가 막히게도 마닐라로 갑니다.

이분이 가면서 조선식으로 사는 것을 연습합니다. 조선사람은 어떻게 앉느냐고 묻습니다. 의자에 앉지 않고 맨바닥에 그냥 앉는다는 얘기를 듣고 이걸 연습하다가 뒤로 몇 번 넘어집니다. 조선식으로 걷는 것, 무릎 굽혀서 앉는 것을 꾹 참고 연습합니다.

그런 중에 이분이 배우기 어려운 게 하나 있다고 말합니다. 한쪽 콧구멍을 엄지손가락으로 막고 심하게 콧바람을 불면 코가 2m 앞에 가서 떨어진다는데, 일주일을 연습해도 코가 얼굴에 붙는다는 것입니다.

우스운 얘기지만 느끼는 바가 큽니다. 보통 어떤 사람이 임무를 맡으면 그 임무가 주는 권한과 명예에 대해서 먼저 생각하지요. 교장이 되면 교장 폼 잡으려고 하잖아요. 그런데 이 주교는 조선의 교구장이 돼서 제일 먼저 조선풍속을 배우려 합니다. 이게 옳은 행동 아닙니까?

마닐라에는 스페인이 전교를 해서 교구가 이미 세 개나 있었습니다. 주교가 세 분이나 계신데 주교 한 분이 또 오시거든요. 아, 필리핀에 교구가 하나 더 생겨 교황님 교서를 들고 오는가 보다 하며 정중히 모시고 묻습니다.

"어느 쪽에 교구가 새로 생겼습니까?"

"조선입니다."

마닐라 주교는 조선이 어디 있느냐고 다시 묻죠. 만주 남쪽, 중국 옆에 있다고 대답하자 마닐라 주교가 "길을 잘못 들었습니다. 홍콩으로 가시지 왜 이리로 왔습니까?" 합니다.

"내가 가진 뱃삯으로 여기까지밖에 올 수 없었습니다."고 하자, 마닐라의 세 분 주교가 힘을 모아 여비를 구합니다.

그렇게 중국으로 출발했는데 이 배가 상해에 도착하기 전에 해적에게 잡힙니다. 마닐라 주교들께 얻은 그 귀중한 돈을 홀라당 털리지요. 이 양반 속 터져 죽을 지경입니다.

그런데다 이분이 돈이 제일 많았기 때문에 가장 부자라고 생각한 해적들이 더 털면 더 나올지 모른다고 꽁꽁 묶어 배 밑에 처넣었습니다.

배 밑바닥에서 배가 고픈 거는 둘째 문제고 3일인가를 물 한 모금도 먹지 못해 목이 타 죽을 지경이예요. 입 안에 침이 말라 버리면 혓바닥이 입천장에 붙는대요. 그러면 못 살잖아요. 이걸 안 붙게 하려고 손가락으로 시시각각 입천장에서 혓바닥을 떼어냅니다.

그런 고통을 겪으면서 조선 사목을 하러 가는 겁니다. 브뤼기에르 신부는 혓바닥을 떼면서 부잣집 빵 부스러기 주워 먹던 나자로를 묵상합니다.

'나는 부자보다 낫다. 나는 목은 말라도 불 속은 아니다.'

대단하지요?

그 배 밑바닥에서 버려진 채로 죽을 고비를 넘기고 중국에 도착해서 여행을 시작하는데 놀라운 것은 하루도 빠지지 않고 일기를 적습니다. 일기에는 천문, 지리, 풍토, 그 지역의 민속, 심지어 식물채집까지 다 들어 있습니다. 브뤼기에르 신부의 해박한 지식에 놀라지 않을 수 없지요. 선진국이 우연히 선진국이 아닙니다.

그분이 중국에 도착해 첫 번째 호소하는 것이 먹을 음식이 없다는 것입니다. 중국음식 이름을 몰라 기록하지 않았지만 재미있는 것은 그 설명을 읽으면 어떤 음식인지 알 수 있습니다.

예를 들면 "도대체 주는 것마다 먹을 수가 없는데 먹을 수있는 것 하나를 발견하였다. 중국사람들은 밀가루로 빵을 찌는데 우리처럼 그냥 찌면 얼마나 좋으랴. 종잇장처럼 얇게 찐다. 그리고 그 안에 고기와 온갖 채소를 넣어 딱 감아 싼다. 이걸 먹으려고 터뜨리니 그 안에 마늘과 온갖 향료가 들어있어서 도저히 못 먹겠다. 안의 것을 모두 빼고 빵을 먹어보는데냄새가 빵에 배어 먹을 수가 없다." 그러니 노상 굶습니다.

그 기막힌 고통 속에서도 그는 이렇게 적고 있습니다.
"나는 가야 한다, 내 양떼가 기다리는 곳으로. 내가 가야 할곳이 얼마나 멀고 얼마나 험난한지 모른다. 단 하나 하느님의뜻에 따라서 당신이 내게 맡기신 당신의 양을 만날 수 있을 때까지 가야 한다는 것이 나의 의무임을 안다."

1년이 지난 뒤 그의 편지 속에는 이런 구절이 나옵니다.

"이제 내가 가지고 왔던 마지막 차도 다 마셨다. 먹을 것은 하나도 없다. 왕요셉이 비록 신학생이었지만 이 극악한 상태에서 나를 주교로 대접하지 않는다. 그러나 어쩔 수 없다. 내 몸무게는 샴을 출발하던 때의 절반으로 줄었다."

2년이 지난 어느 날의 일기에는 이렇게 적혀 있습니다.

"내 몸무게가 출발할 때의 3분의 1이다. 내 몸에 털이라고는 하나도 없이 다 빠졌다. 온갖 짐승과 곤충들과 기후변화로 피부도 성한 곳이 없다. 이제 내가 갈 수 있을런지 하느님만이 아신다. 나는 다만 양떼가 기다리는 곳을 향하여 하느님만을 의지하며 가고 있다."

박해가 있으니 그나마 낮에 못 갑니다. 낮에는 어디든지 숨어서 자고 밤에 또 걸어야 합니다. 어디가 길인지 모르는 밤길을 그렇게 걷다가 샴을 떠난 지 만 2년 2개월 17일 만에 브뤼기에르 신부는 북만주의 펠리구라는 교우촌에 도착합니다.

밤새 걷다가 12시쯤 도착했지요. 그에게 먹을 것을 주는데 굶주렸어도 먹을 수가 없습니다. 그의 설명을 보면 아마 호박인 것으로 짐작됩니다.

"호박 삶은 물을 두 모금 마셨다. 나는 지금 나무 밑에서 자뒤야 오늘밤에 또 출발할 수 있다."

그 편지의 마지막 구절입니다. 그 글을 남기고 주무셨는데 영원히 일어나지 못합니다.

조선의 초대교구장은 이렇게 돌아가셨습니다. 그렇지만 그의 사도적 열의와 2년에 걸쳐 대륙을 횡단한 기막힌 노력은 조선 평신도들의 열의와 세계교회의 응답이라는 차원에서 우리에게 깊고도 깊은 감명을 줍니다.

물 뿌리고 소금 뿌려도
브뤼기에르 신부의 선교 열정

앞에서 조선교구 초대교구장 바르톨로메오 브뤼기에르 주교
의 불타는 사제적 열의와 기막힌 일생을 보았습니다. 브뤼기
에르 신부가 조선교구장으로 임명받기 전 태국에서 포교활동
을 어떻게 하셨는지 말씀드리면 그분이 어떤 분인지 더 잘 알
수 있을 것입니다.

그때는 문명의 혜택도 문화의 혜택도 받을 수 없는 원시적
인 시대인데다가 태국은 미신이 특히 심해 사람 목숨을 우습
게 봅니다. 이런 경향은 태국뿐 아니라 환태평양 연안 아시아
지역이 거의 같았습니다.

아기를 낳아도 이름을 짓지 않습니다. 곧 죽을 테니까. 그냥 '갓난이'라 부르죠. 그러다가 그 아기가 죽고 둘째 아기가 태어나면 또 '갓난이'지요. 그런데 갓난이가 안 죽고 새로 동생이 태어나면 동생은 '햇 갓난이' 형은 '묵은 갓난이'입니다. 이러다가 먹고 살기 어려우면 애 하나를 내버립니다.

외국선교사들이 애를 버리는 것, 애가 너무 쉽게 죽는 것을 제일 비참하게 느끼며 정성을 다해 집들을 방문하지만, 남자가 여자같이 시커먼 원피스를 입고 있으니 이상하게 여기고 기분 나빠합니다. "빨리 나가라!"고 내쫓고 나면 물 뿌리고 소금 뿌리고 천대를 합니다. 만나주어야 교리설명을 하든지 말든지 할 거 아닙니까.

프랑스 같은 천주교 국가에서 자라고 수도생활을 하다가 땅끝까지 복음을 전하겠다는 지극히 거룩한 마음으로 왔는데 소금 뿌리며 "가라!" 그럴 때, 누구든지 좌절하고 쓰러지지요.

그런데 우리 교회 초대 선교사들은 이런 현장에서 실망하지 않고 꿋꿋이 이겨냅니다. 브뤼기에르 신부도 전교는 고사하고 태국사람을 만날 수조차 없는데도 선교를 포기하지 않습니다.

그러면 이 양반이 어떻게 선교활동을 하느냐? 다른 것 안합니다. 가봐야 두들겨 맞고 쫓겨나오고 소금 뿌릴 테니까. 아무 소리 안하고 아침식사를 하고 나면 골목골목을 다닙니다.

무수히 많은 아기들이 여기저기서 죽어가죠. 그런 곳마다 찾아가서 아기의 마지막 모습을 조용히 지켜보며 도와줍니다. 자식이 죽는 것을 보며 울고 있는 엄마가 죽어가는 자식을 돌봐주는 그 사람마저 물러가라 그럴 수 있겠습니까.

그렇게 도와주면서 기회만 생기면 그 아기의 이마에 대세를 주는 겁니다. 그리고는 그 시간과 장소, 아기의 본명을 적지요. 대세를 주고 이름을 적고, 대세를 주고 이름을 적고 온종일 다니면서 이 일을 합니다.

저녁이 되어 집에 돌아오면 제대를 차린 뒤, 그렇게 종일 적은 것을 제대 위에 올려놓고 미사를 봉헌하면서 기도합니다.

"어린 천사들이여! 나는 어쩔 수 없습니다만 당신 민족을 하느님께서 구원해주실 수 있도록 어린 천사 당신들이 천국에서 기도하십시오."

얼마나 깊은 신앙입니까. 방콕에서 첫 6개월 동안 이분이 사목을 하시면서 이렇게 세례 준 어린이가 1,600명입니다. 참 못 말리는 신부 아닙니까?

지금 우리 교회는 어떻습니까? 몸을 아끼지 않고 선교에 투신하는 분들도 많지만, 어려운 사정이 생기면 극복해내려는 노력보다 실패를 미리 상상해 쉽게 포기해버리는 경우를 자주 봅니다. 나는 이런 사목을 '도망치는 사목, 피난민 사목'이라고 합니다. 산이 가파르면 들판으로 피하고, 들판에서 실패하면 바닷가로, 강가로 피합니다.

'도망치는 사목'은 안됩니다. 브뤼기에르 신부를 보십시오. 어떤 사람도 불가능하다는 그 현장에서 가장 확실하고 가장 위대한 방법으로 해내지 않습니까. 시련이 있는 현장이라면, 그 시련의 극치 속을 뚫고 나가는 길을 찾아내야지 도망치면 안됩니다.

평신도인 내가 자식들을 키우며 가정을 이끌고 나가는데도 온갖 어려움을 겪습니다. 그렇다고 도망칩니까? 정면으로 뚫고 나가야 하는 겁니다. 자기 집에서 새는 바가지가 밖에 나간다고 안 샙니까? 그러니까 명심할 것은 어디서든지 이겨내는 사람이 이기는 겁니다.

브뤼기에르 신부는 일하는 곳마다 조선의 평신도들이 열렬히 사제를 청원하고 있다는 얘기를 해서 그를 만난 모든 사제들이 감동을 받아 조선 사목을 자청합니다.

다시 말하면, 조선에 올 수 있다는 신부가 한 분도 없던 상태에서 브뤼기에르 신부의 그 열의가 조선 사목을 지원하는 사제들이 생겨나게 했다 그 말입니다.

브뤼기에르 신부가 주교로 임명되어 우리나라로 오기 전에 베이징의 사라이바 주교가 두 분의 신부를 파견한 적이 있는데 한 분은 국경에서 병들어 돌아가시고 또 한 분은 병 때문에 난징南京으로 되돌아가서 더 못 오셨지요.

밖에서 이와 같이 눈물겨운 노력을 하고 있지만, 온전히 바깥 세계와 막힌 조선의 심산유곡에서 교우촌을 만들고 사제영입운동을 시작한 천주교 신자 2세대들은 얼마나 답답했겠습니까. 아무리 신부를 보내달라 그래도 소식은 없고 적막강산이잖아요.

이럴 때 포교성성에서 중국에 있는 한 신부를 우리나라에 파견합니다. 브뤼기에르 주교가 조선으로 오고 있으니 영접 준비를 하도록 한 것입니다.

이때 파견된 신부가 누구냐? 파치피코라는 스페인식 이름을 가진 유방제라는 중국신부입니다. 유방제 신부가 한국에 들어오던 해가 1834년입니다. 1801년 주문모 신부가 순교하신 지 33년 만에 신부가 다시 들어왔지요.

그가 조선에 들어온 임무가 뭡니까? 포교성성 장관으로부터 교구장인 주교를 영접할 준비를 하라는 명령을 받고 들어왔습니다. 그런데 이 양반이 기가 막히게도 '현실을 모르는 행정명령이다.'라고 생각하여 삐딱하게 사목을 합니다.

한국교회 안에도 이런 사람 많지요.
"주교가 뭐 아나? 책상머리에 앉아서 몇 사람 말만 듣고…"
이렇게 말하지요. 우리가 중요하게 알아두어야 할 것은 주교도 사람이니까 잘못할 수 있습니다. 그러나 주교라는 사람은 잘못 판단해도 하느님과 성령은 잘못 판단하지 않으십니다. 하느님은 인간의 실수와 죄마저도 구원사업에 유익하게 쓰십니다. 주님께서는 누군가의 실수마저 나의 구원에 유익하도록 이끌어 주신다 이 말입니다.

유다의 배반마저 십자가의 공로로 연결되었던 것을 잊지 마십시오. 신자들은 여기에 대한 신뢰가 있어야 합니다. 이게 교회정신입니다.

조선 초대교구장이 베이징에 왔을 때
유방제 신부의 방해와 왕요셉의 거드름

조선이 중국이라 하면 끔뻑 넘어가던 그 시절, 조선에 중국 신부가 들어와 사목을 하면 훨씬 유리하지 않느냐? 그것은 누가 들어도 옳은 말입니다. 논리적으로 유방제 신부가 백번 맞습니다.

우리와 모습이 같은 중국사람도 들어오기 어려운데 한국말이라고는 한마디도 못하고 키만 장대같이 큰, 눈은 파랗고 머리털 노란 서양사람이 들어올 수 있나 이 말이죠. 그러니까 만리 밖의 교황청이 아무것도 모르고 잘못 결정했다는 거예요.

유방제 신부는 아무것도 모르고 있는 이 어린 조선 초기교회 신자들을 충동질해서 서양인 주교가 못 들어오게 방해하고 조선을 베이징 밑에 두고, 자기가 사목하려고 노력합니다.

이 기막힌 얘기를 몸이 3분의 1밖에 안되도록 줄고 머리털은 다 빠져 겉모습이 성한 곳 없는 초대교구장 브뤼기에르 주교가 베이징에 왔을 때 듣습니다. 얼마나 슬펐겠어요. 그러나 주교는 아무 말없이 양들을 찾아갑니다. 조금도 굴함이 없습니다. 양들을 찾아갈 뿐 유방제 신부를 원망하거나 욕하는 소리도 안합니다.

그런데 놀라운 것은 당시 우리 교우들입니다. 그들은 2세대들 아닙니까? 교우들의 지도자 역할을 했던 정하상, 유진길, 조신철이 현장에 있는 신부 말을 더 잘 듣지 않겠습니까? 교회의 정신에 따라서 주교를 모셔야 된다는 생각을 할 수 있겠습니까? 그런데 놀랍게도 이들은 유방제 신부한테는 신부로서 대접을 하면서 주교를 모셔야 한다는 판단을 해냅니다. 성령의 작용 아니겠습니까?

역사과학적인 측면에서 본다면, 교황청은 한국의 현실을 몰라 잘못한 것이고, 유방제 신부는 혼자 애쓴 것이 되겠지요. 영적인 눈이 어두우면 역사를 어둡게 봅니다. 우리가 신앙인이라면 더 깊은 영적인 눈으로 볼 수 있어야 합니다.

그런 점으로 볼 때 우리 인간의 실수마저도 하느님께서는 구원에 유익하게 바꾸어 쓰실 수 있지요. 그러니 그것을 믿고 그 앞에 겸손해야 합니다.

내 이성으로는 이해할 수 없을지라도 또 아직 내 감정은 동의하지 못할지라도 하느님께서 좋게 하실 것이라고 분명히 믿고 내가 져야 할 십자가를 지고 나서야 하는 것입니다.

먼 훗날 어느 영성가가 역사과학의 차가운 측면에서가 아니라 더 깊은 영성적 묵상자료로 설명한다면 정말 놀라울 것입니다.

오로지 사도적 열의만으로 2년여의 고생 끝에 성한 곳 하나 없는 몸으로 도착한 사람에게 오히려 그를 방해하는 자가 자리를 차지하고 있다는 소식만 기다리고 있습니다. 더군다나 그 방해하는 자가 바로 자신을 모실 준비를 하라고 파견된 사람입니다. 그래도 그는 양떼를 향해 끊임없이 가신 겁니다.

정하상, 조신철 등이 북경에 가보니까 교황청에서 주교를 보냈다 하여 고마운 마음을 가지면서도 유 신부가 "그 사람 들어오면 안된다."고 하여 혼란스러워 합니다. 초대교회 우리 교우들이 판단할 능력이 있겠습니까, 없겠습니까? 있을 수가 없잖아요.

그런데 어떻게 판단하면 좋을까 싶어서 비밀리에 주교 계시는 곳에 갑니다. 이들이 주교 만나는 것을 알면 유 신부가 가만있겠어요? 그러니 몰래 갔지요. 그때 주교를 안내해 온 사람이 신학교를 중단한 왕요셉입니다.

우리 신자들이 의논을 하니까 왕요셉이 주교보다 더 높습니다. 주교를 뭘로 아느냐고 얼마나 큰소리를 치고 호통을 치고 어르는지 교우들이 억장이 무너져 말을 못합니다. '이런 주교를 만날 필요 있겠나!' 싶어서 말이죠.

우리는 주교를 위해 일해야 하는 사람이 꼭 자기가 주교처럼 행세하는 모습을 이 왕요셉에게서도 봅니다. 그런데도 우리 초대교회 지도자들은 이 시련을 넘어서서 순수한 교회정신으로 주교를 맞이할 준비를 합니다. 그랬기 때문에 브뤼기에르주교는 다시 베이징을 출발하여 조선으로 향하게 됩니다.

그 모르는 가운데에서도 내리는 우리 평신도들의 판단에 성령이 작용하신다는 것을 똑똑히 느끼게 되지요. 또 그 절망적 현실에서 열성적으로 주교를 맞이하는 사람들과, 자기 본분을 잊어버린 사람들이 하는 짓을 보며 많은 생각을 하게 됩니다.

자기만 똑똑하다고 생각하는 사람이 늘 일을 저지릅니다. 유방제 신부도 안 똑똑하면 시키는 대로 했을 텐데, 똑똑하기 때문에 '아, 교황청이 잘못 판단했다.'고 생각하고 자기가 조선을 사목하겠다고 나선 거지요.

정말 똑똑하다면 자기 임무나 똑똑하게 하지 언제든지 자기만 똑똑한 사람이 문제입니다. 묘한 일입니다. 여러분, 깊이 한번 묵상해주시기 바랍니다.

그런데 교회에는 양념처럼 왕요셉 같은 사람이 꼭 있지요. 주교님 옆에 있는 사람, 아니면 누구 옆에 있는 사람이 자기가 그 사람보다 더 높은 것처럼 거들먹거립니다. 현재 처한 자기 위치를 바로 알고 자기가 해야 할 일이 뭔지 바로 알아야지요.

왕요셉은 자신이 해야 할 일이 뭔지 바로 알지 못했기에 2년간이나 주교를 모신 큰 공로를 세우고도 그 수고 전부가 빛을 잃게 하지요.

결론은 뭡니까? 우리가 주님을 위해 일했는지 아니면 자기 기분대로 했는지로 그 결과가 드러난다는 것입니다. 유방제 신부는 자기 중심으로 일했기 때문에 주문모 신부의 행적과 많은 차이가 있습니다.

예컨대 이루갈다 동정부부의 혼인도 또 다른 동정부부도 주문모 신부가 이끌어주십니다. 주문모 신부는 이런 사목의 흔적이 깊이깊이 뿌리 박혀있는데 유방제 신부는 그런 게 하나도 없어요. 어이없는 짓을 해서 신자들 마음 상하게 하고 거기에다가 스캔들까지 일으킵니다.

그런데 그와 더불어 스캔들에 휘말려 들었던 여인은 나중에 순교합니다. 여기에서 우리가 또 무엇을 느낄 수 있습니까? 유방제 신부가 인간으로서 잘못한 것은 잘못했다 하더라도 적어도 성직자 수도자의 스캔들에 대해서는 잘 알지도 못하면서 판단하지 말자는 겁니다.

순교할 정도의 여인 같으면 설사 스캔들이 있었다 하더라도 외부사람들이 생각하는 그런 잘못은 저지르지 않았을 거라는 겁니다. 그렇지요?

그러니 앞으로 여러분 보기에 아무리 술 잘 먹는 신부, 아무리 뭐한 수녀라 하더라도 제발 그들을 놓고 쓸데없는 입방아를 찧지 말라 이 말입니다. 사람들이 뭣도 모르고 입방아 찧어댔지만 입방아 찧은 사람들은 몰라도 입방아로 희생당한 그 여인은 순교했고 순교성녀가 됐습니다.

하수구로 기어들어온 신부
모방 신부

유방제 신부가 주교 모시는 일을 방해하고 있는 중에 모방 신부가 우리나라에 들어옵니다. 그동안에도 우리 교우들은 주교 모시는 일을 그만두지 않고 진행하지요.

모방 신부는 어떤 분인지 봅시다. 1803년 9월 20일에 프랑스 바이외 교구의 바시에서 농부의 아들로 태어났습니다. 사제 서품을 받고 파리외방전교회에 입회하여 선교사가 됩니다.

그리고 중국에 파견되어 마카오로 가지요. 사천성에서 일하라고 임명받은 모방 신부가 사천성으로 가기 위해 배를 탔는데 그 배에 브뤼기에르 주교가 계셨던 겁니다. 모방 신부는 선상에서 만난 브뤼기에르 주교로부터 조선교회의 모습과 평신도들이 보냈던 편지 내용을 듣게 됩니다.

너무나 감동한 모방 신부가 "주교님! 저를 주교님 밑에서 일하게 해주십시오." 합니다. 브뤼기에르 주교가 그 자리에서 "좋다. 그러면 너 나랑 일하자!" 하며 허락합니다.

물론 임지 사천성 주교에게 브뤼기에르 주교가 연락하지요. "이 사람을 내가 한국에 데리고 가고 싶은데 허락 좀 해주십시오." 해서 허락을 받습니다.

이렇게 한 사제의 열의에 찬 모습이 다른 사제로 하여금 조선에 들어올 마음을 가지게 한 거죠.

그러면 배 타고 가다가 주교 애기 듣고 감동해서 따라오는 모방 신부는 또 어떤 분일까요? 언뜻 보면 너무 덤벙거리는 느낌도 들지요. 모방 신부가 과연 그런 분인지를 봅시다.

조선으로 오라는 허락을 받은 모방 신부는 사천성으로 가지 않고 배를 타고 조선을 향해 북쪽으로 올라오는데 이 배가 난파돼서 고생합니다. 그래도 베이징까지 올라옵니다.

그런데 그때 베이징은 어떠냐? 마테오 리치 신부가 계실 때와는 다릅니다. 사라이바 주교가 새 교구장이 되었으나 임지에 오지도 못할 만큼 중국에서도 천주교를 탄압하기 시작합니다. 베이징 안에 있는 모든 신부들을 일단 바깥으로 못 나오게 하고 국가의 명령을 어기면 추방합니다.

교회가 난처한 처지에 빠져있던 그때, 이 모방 신부는 기가 막히게도 사제복 입고, 당나귀 한 마리를 타고 앞에 길 안내자까지 줄 세워서 마치 예수님이 예루살렘에 입성할 때처럼 베이징에 들어갑니다. 신부들이 이것을 보고 방안에서 기겁을 했지요. 아니나 다를까 잡혔습니다. 청나라 당국에 협조를 구하지만 "도저히 용납 못한다."며 봐주지 않습니다. 그러던 차에 "아, 이 사람 안 그래도 여기 안 있고 갈 사람이다." 하니까 "갈 사람이면 눈감아준다." 이렇게 무마가 된 거죠.

조선을 지망했기 때문에 살 수 있었던 거지요. 또 어떤 의미에서 보면 자기 신앙에 긍지를 가졌기에 산 것이라고 볼 수 있습니다.

1836년, 모방 신부가 조선에 들어오는데 이때 변문을 거쳐 들어오는 이야기도 기가 막힙니다.

조선과 만주 국경 사이 압록강 백 리에 아무도 못 살게 하고 목책을 길게 쌓아놓았습니다. 중국에서 우리나라 쪽으로 나와

있는 마지막 성이 봉황성입니다. 여기 세워진 목책에 문을 하나 내놓고 병사가 철저히 지킵니다. 이게 변문입니다. 통행증 있는 사람만 이 문을 통과시키죠.

우리나라 쪽도 마찬가지입니다. 압록강에서 백 리 안으로 들어오면 우리 쪽에서 중국 가는 마지막 성인 의주성이 나옵니다. 의주 성문이 변문인데 여기에도 목책이 세워져 있죠.

군사들이 지키고 있어 통행증이 없는 사람은 절대로 이 문을 통과 못하지요. 이런 곳을 지나온다 이 말입니다. 설사 변문을 통과했다 하더라도 혼자 나와서는 이쪽 백 리 저쪽 백 리를 하루 만에 못 지나가지요. 일부러 그렇게 해놓은 겁니다. 중간에 사람이 아무도 안 사니까 인적이 없어서 감시하기가 편했던 것입니다.

그렇다면 어떻게 변문을 통과할까요? 모방 신부는 북경에서 그런 담대한 행동을 할 수 있었던 사람인지라 봉황성에 와서도 변문을 통과할 방법을 연구하지요. 이때 우리 쪽에서는 정하상과 조신철 이분들이 신부를 모시러가죠.

목책이 서있는 변문을 철저히 지키고 앉아서 통행증 보자는 사람이 있습니다. 그러니 여기를 통과할 방법이 없습니다. 그래서 머리를 씁니다.

모방 신부가 나무를 가지고 길게 만든 들것에 한복을 두툼하게 입고 눕습니다. 그리고 얼굴을 덮고 들것에 실려 들어오는데 양옆에 들것을 든 사람들도 모두 수건으로 코와 입을 막고 들어옵니다.

변문을 지키던 사람들이 이상해서 "너희 뭐냐?" 묻지요. "우리는 부연사를 따라 갔던 사람들입니다. 이 사람이 돌림병에 걸렸는데 중국에서 돌림병 돌면 큰일난다고 오늘밤을 중국에서 못 잔다 합디다. 얼른 조선으로 가라고 해서 할 수 없이 돌아오는 길입니다." 하면서 정하상과 조신철이 자신들의 몸종 통행증을 보여 줍니다.

그 다음에 들것에 누운 사람보고 전염될까 겁내는 표정으로 "이봐라, 바로 통행증 내놓아라!" 그러면 그 사람이 "윽, 윽!" 소리를 내며 꿈쩍꿈쩍하거든. 변문을 지키는 사람이 가만 보니 통행증 보려다 돌림병 옮게 생겼으니 "그래, 빨리 통과! 빨리 통과해!" 합니다. 그렇게 해서 압록강을 넘고 의주 성문은 성 밑의 하수구로 기어들어옵니다.

생각해 보십시오. 복음의 사제가 하수구로 기어들어왔습니다. 이게 뭘 의미합니까? 여러분, 구원의 목소리는 아마 여러분이 제일 귀찮고 어려운 그런 순간에 들려올 겁니다. 편할 때

별로 안 들릴 겁니다. 이렇게 온갖 고통을 겪으면서 모방 신부가 들어옵니다.

다음에 변문을 통과하는 사람들은 같은 방법으로 들어오면 들키니까 다른 방법을 연구합니다.

박해받을 때 신자들이 썼던 기발한 아이디어가 한두 가지가 아닙니다.

예컨대 나라에서 "천주교 신자를 색출하라." 하면 방법이 없으니까 나무 십자가를 만들어서 바닥에 턱 놓고 병사 둘이 버티고 서있다가 지나가는 사람들에게 "이것을 밟고 지나가라." 명령합니다.

십자가를 못 밟고 우물쭈물 하면 "너 천주교 신자지?" 하며 잡아가고, 오다가 이 광경을 보고 되돌아가도 "너 왜 되돌아 도망가느냐?" 하며 붙잡아 갑니다. 이런 식으로 천주교 신자가 다 잡혀들어가는 겁니다.

어떤 교우 한 분이 이곳을 지나가게 되었는데 되돌아갈 수도 없고 밟고 지나갈 수도 없으니까 얼른 뛰어가서는 십자가를 들고는 "이게 뭡니까, 이게?" 하고 묻죠.

그러면 포졸들이 "당신 모르겠거든 놓고 지나가요." 이렇게 했다고도 합니다.

그분들의 온갖 방법들이 참 놀랍지요. 지금 우리도 복음을 전하는 이런 아이디어를 생각해내야 합니다. 50년 후에 후손들이 우리가 한 방법들을 듣고 놀랍다고 말하도록 말이죠.

1836년에 모방 신부가 조선에 들어와 보니 유방제 신부가 주교저지운동을 하고 있는 겁니다. 유방제 신부에게 주의하라고 경고하죠. 그래도 안 듣고 계속 고집을 부리니까 모방 신부가 성무집행정지 명령을 내립니다.

얼마나 가슴 아프겠어요. 사제를 그토록 그리워하는 조선땅에 사제라고는 둘밖에 없는데 성무집행정지를 해서 되돌려 보내야 하니.

이제 유방제 신부는 인간적인 측면에서 생각하면 실패했잖아요. 그렇지만 이분도 역시 사제는 사제입니다. 그렇게 제멋대로 하는 것 같았지만 성무집행정지가 되니까 우리나라에 있을 필요가 없음을 느끼고 곧 본국으로 돌아갑니다.

이상하지 않습니까? 유방제 신부가 먼저 들어와 있었는데 어떻게 나중에 들어온 신부가 가라고 할 수 있는지 말입니다. 모방 신부는 교구장의 뒤를 이어 들어온 사람이라서 그럴 수 있는 것이지요.

유방제 신부 나가는 편에 세 소년을 딸려 보냅니다. 바로 김대건, 최양업, 최방제이죠. 만약에 일반사람 같으면 어떻겠어요. 쫓겨 나가는 형편에 그런 사정 안 봐주죠. "딴 사람한테 알아봐라. 나는 모른다." 그럴 것 아닙니까? 그런데 유방제 신부는 데리고 가잖아요. 인간적으로 아무리 부족하다 하더라도 사제거든요.

벌판으로 사라져가는 아들의 뒷모습
샤스탕 신부

모방 신부 뒤에 오는 샤스탕 신부 역시 태국에서 포교 중에 브뤼기에르 주교를 만나 영향을 받고 조선교구를 자청합니다.

마카오를 거쳐서 1833년 11월에 복권성에 도착한 모방 신부는 남만주를 거쳐 변문 가까이까지 갈 계획을 세우고 요동에 도착했습니다. 요동에 와보니 땅과 기후가 황량하기 이를 데 없고 음식 다르죠 풍토 다르죠, 생각했던 것과 너무 달라 기가 막힙니다.

하룻밤 자고 나니까 안내원 둘도 모두 도망쳐버리고 없어요. 그런데 샤스탕 신부는 놀랍게도 혼자 몸으로 베이징까지 찾아옵니다. 봉황성 국경까지 와서 자기가 가려고 하는 조선땅을 바라보지만 거기서 조선사람을 만나지 못하고 베이징으로 되돌아갑니다.

그때 난징 주교가 주선을 하여 다시 조선에 갈 수 있도록 산둥성까지 보내줍니다. 산둥성에는 왔지만 여기서도 역시 조선사람을 못 만나 2년을 머무르죠. 조선에 들어오기가 그렇게 어려웠어요.

그때 조선에 먼저 들어와 있던 모방 신부가 그 사실을 알고 샤스탕 신부가 들어올 수 있도록 주선을 합니다. 1836년 12월 성탄 날 샤스탕 신부가 변문을 통과하고 29일 국경을 넘습니다. 그 이듬해 1월 15일 서울에 도착해서 모방 신부의 환영을 받는데 그 감격을 두 분 다 잊을 수 없어 하지요. 얼마나 반가웠겠어요.

그러면 샤스탕 신부는 어떤 분인가 잠깐 보십시다. 농부의 아들로 태어난 샤스탕 신부는 '열성과 덕이 있는 양순한 학생'이라고 어린 시절 학적부에 적혀 있습니다.

샤스탕 신부가 200년이 지난 뒤에 이름도 성도 모르는 한국 사람이 자신의 학적부 기록을 거론할 줄 상상이나 했겠습니까? 여러분도 조금 괴롭다고 흐트러지지 마세요.

이분은 성 프란치스코 하비에르의 전기를 읽고 감동을 받아서 선교지 봉사를 결심합니다. 부모님은 "절대 신부는 하지 마라." 반대했지만, 기어이 신부가 되겠다는 샤스탕 신부에게 도리없이 허락을 해줍니다. 1826년 사제서품을 받고 선교사가 되기 위해 파리외방전교회에 들어갑니다.

어머니는 큰마음 먹고 양보하여 신부 되는 것을 허락해주었는데 샤스탕 신부가 난데없이 동양으로 간다 하니 심정이 어떻겠어요. 아들이 살아 돌아올 수 없다는 것도 알고 있습니다. 그래서 결사반대를 하죠.

샤스탕 신부는 어머니께 말할 수 없는 효자입니다. 오랫동안 어머니의 허락을 받지 못한 샤스탕 신부는 들판 한가운데 있는 고향집을 찾아옵니다. 어머니는 샤스탕 신부가 뭔가 허락을 받으러 온다는 것을 미리 알고, 이번에는 절대로 양보 안할 결심을 굳게 하지요.

그래서 샤스탕 신부와 저녁을 먹는 동안 각별한 모자의 정은 나누지만 그 깊은 내면에서는 긴장과 심리적인 갈등이 묘하게 흐릅니다. 얘기가 얼른 안되어 밤이 깊어지고 달은 한없이 밝은데 마침내 아들이 이야기를 시작하지요.

어머니는 아들의 청을 미리 알고 잘라 말합니다.

"나는 이미 네가 신부 되는 것을 허락했다. 한 번은 내가 양보했으니 이번에는 네가 양보할 차례다."

도저히 허락받기 어려울 것 같아 샤스탕 신부가 일어서지요. 어머니는 허락을 받지 않고 절대로 안 갈 아들이라는 것을 잘 압니다. 그 때문에 사랑하는 아들이 그토록 간절히 청하는 것을 차마 거절하기 어려워 부엌방으로 들어가서 아들의 뒷모습을 안 봅니다.

그러나 이미 결심이 굳어진 샤스탕 신부는 마지막 가는 이 동방선교의 길에서 다시 못 볼지 모르는 어머니의 축복을 받고 싶은데 그러지 못하는 게 가슴 미어집니다.

아들이 어머니의 결심이 굳다는 것을 알고 문을 열고 나가는 소리에 어머니는 속으로 '내 아들이 절대 내 허락 받지 않고는 안 간다. 문을 여는 것은 내가 돌아보게 하려는 것이다. 이때 져서는 안된다.'고 절대로 안 돌아봅니다. 샤스탕 신부는 자기를 그토록 사랑하는 어머니가 끝내 돌아보지 않는 것을 보고 마음 아파하면서 그대로 가버립니다.

어머니는 끝내 아무 소리가 없어 돌아보니 진짜로 아들이 없거든요. '내 허락 없이 가지 않을 아들인데 기어이 간 것을 보면 그 결심을 바꿀 수 없겠구나.' 생각하면서 문밖으로 나와보니 달 밝은 벌판 저 멀리 가는 아들의 뒷모습이 보입니다.

나는 신학교에 있으면서 가끔 신학교를 떠나는 학생들을 봅니다. 그들이 세속적인 다른 욕망 때문에 나간다면 그들의 어리석음을 탓해 볼 마음도 있겠습니다마는 대부분의 학생들이 그 어머니의 뒤를 따라 나가고 있습니다.

육친의 정이 우리의 생명을 있게 했지만 그 육친의 정은 때로 성소의 길을 막고 있다는 사실을 올바르게 분별할 능력도 여러분은 가져야 합니다. 하느님께 가는 길은 그런 것도 넘어서야 됩니다. 그래야 됩니다.

주운 은전 한 닢으로 책을 산 여덟 살 소년

2대 교구장 앵베르 주교

샤스탕 신부와 모방 신부가 우리나라로 오고 있는 중에 브뤼기에르 주교가 펠리구에서 돌아가셨다는 소식을 듣습니다. 그분의 말을 듣고 조선에 오려고 그랬는데 돌아가셨으니… 웬만한 사람들 같으면 되돌아가고 싶겠지요.

모방 신부가 그 소식을 듣고 즉시 펠리구로 오셔서 장례미사를 지냅니다. 그 마음이 어떻겠습니까? 그 밤에 모방 신부가 묵상하지요. '조선의 신자들이 국경에서 목숨을 걸고 신부를 기다리고 있다. 그들이 신부도 나타나지 않고 아무 소식도 없으면 얼마나 실망하겠는가? 브뤼기에르 주교 대신 나라도 가야 된다.'고 생각하며 돌아가신 주교의 유지를 받들어 우리나라에 들어옵니다. 모방 신부가 사목을 하는 중에 2대 교구장으로 앵베르 주교가 임명되어 옵니다.

앵베르 주교의 집은 너무나 가난했습니다. 끼니 굶는 것을 예사로 압니다. 어린 앵베르는 하도 굶어서 정상적인 발육이 안될 정도였습니다.

이 소년이 여덟 살 먹었을 때 길을 가다가 은전 한 닢을 줍습니다. 어린 나이의 굶주린 소년이 동전 한 닢 주우면 갈 곳이 어디겠습니까? 군것질하러 가는 것 아닙니까? 그런데 소년 앵베르는 은전 한 닢을 줍자 글을 배우려고 〈초보독권〉이라는 책을 한 권 삽니다.

책을 사왔는데 기가 막히게도 동네에 글을 아는 사람이 아무도 없어서 배우지를 못하지요. 그런데 그 동네 뒤 외딴집에 초등학교 선생님을 하다가 퇴임한 할머니 한 분이 혼자 따로 살고 있었어요. 동네에 글 아는 사람이 아무도 없으니 선생 대접도 제대로 받을 리가 없지요.

그 마리끄리드 할머니한테 글자를 배웁니다. 할머니가 눈여겨보고 본당 신부에게 추천하여 앵베르를 신학교에 보냅니다.

신학교에서는 밥도 먹여주고 잠도 재워주지만 공책까지 주진 않았습니다. 앵베르는 공책 살 돈이 없어서 다른 신학생들이 다 공부할 때 묵주를 만듭니다. 묵주 만들어 생긴 돈으로 공책을 사고, 굶주리고 있는 자기 아버지 어머니까지 돕습니다. 길가다 주운 은전 한 닢이 굶주리고 있던 여덟 살 소년을 놀랍게 바꾸어놓았죠.

일생이 그렇게 기막힌 방법으로 바뀌어져 앵베르 주교가 1837년 12월 31일 서울에 오셔서 모방 신부와 감격적인 해후를 합니다.

앵베르 주교는 "내가 프랑스 어디에 있어도 이렇게 뜨거운 환영을, 그리고 이렇게 순박한 교우들의 기쁜 인사를 받을 수는 없을 것이다."라고 그 만남의 감격을 일기장에 적어두었습니다.

대박해가 일어나기 전에 우리나라에 2대 교구장이 들어오셨고 신부님도 두 분이나 계시니 완전한 교회가 구성되었지요. 사목다운 사목이 전개될 희망이 보입니다.

그런데 불과 채 1년도 못 가서 이분들이 모두 순교하게 됩니다. 그러니 순교하기 전까지 이분들의 상황이 어땠겠어요?

모방 신부가 한국에 들어온 지 1년밖에 안된 1837년에 병이

납니다. 열병에 걸렸는데 약도 쓸 수 없고 음식도 안 맞아 먹지 못하니 사실 수 없다고 판단한 샤스탕 신부가 병자성사를 줍니다. 그런데 모방 신부가 성체를 영하기 전 일어나면서 "내 병은 나을 거야."라고 합니다. 정말로 성체를 영하고 기도하시더니 병이 나았습니다.

다음 얘기를 들어보면 이게 뭔가를 짐작하게 됩니다. 우리나라에서 김대건 신부가 외국으로 공부하러 가셨다 그랬지요. 그 뒤로도 22명이 공부하러 갔습니다. 그중 일곱 사람이 죽습니다. 3분의 1이 죽는 상황이라면 나머지 사람들도 생명만 붙어있는 것이지 공부할 처지가 못 되죠.

남은 사람들 중 또 4명이 중도에 학업을 포기합니다. 왜 그러냐? 풍토가 안 맞고 기후가 안 맞고 음식이 안 맞으니까 너무 힘든 거예요. 그러니 겨우 몇 명만 신부가 되는 겁니다.

그렇다면 프랑스 신부가 우리나라에 와서 먹을 게 뭐가 있었겠어요. 아무것도 없었겠죠. 그러니까 열병이 나고 영양실조에 걸렸는데 성체를 영하고 나았다는 것은 어떤 의미에서 그 사제들을 하느님께서 기적으로 살려내시어 한국교회를 살리셨다고 볼 수밖에 없습니다. 그렇게밖에 설명할 길이 없습니다.

앵베르 주교의 일기장에 이런 대목이 나옵니다.

"나는 몹시 지쳐 있소. 새벽 2시에 일어나 2시와 3시 사이에 성사를 주고…"

주로 고해성사를 주고 성체성사나 그밖에 혼배성사, 다른 성사들을 주었다고 합니다.

"그러고 나서 아침기도를 하고 아침미사를 봉헌한다. 아침미사를 마치고 나면 10여 명의 사람들을 모아놓고 교리를 가르친다. 그 다음엔 사제양성을 위해 신학생들을 교육시킨다."

그 신학생으로 선택된 사람 중의 하나가 정하상인데 그때 나이가 마흔 살이었습니다.

"나는 새벽 2시에 일어나 일을 하고, 12시 가까이 되어야 밥을 먹게 되는데 영양가라고는 하나도 없다. 너무 허기가 지고 지쳐서 쓰러지려 하면 70세가 넘은 노인이 100리 길을 걸어와서 또 '고해성사를 달라.' 그런다. 어찌 내가 그에게 고해성사를 주지 않겠는가.

그렇지만 건조한 기온과 침대도 없는 맨바닥에서 덮을 담요도 없이 자야 하는 내 몸은 견딜 수 없이 춥고 고통스럽다. 그러니 내가 이런 나의 삶을 끝내주려 하는 칼날을 무서워하지 않을 것임을 짐작할 수 있을 것이오."라고 말하고 있습니다.

살아있는 그 자체가 죽음보다 더 힘들었다는 얘기 아닙니까?

'죽음보다 짙은 삶'으로 그렇게 우리 초대교회 목자들은 사목을 했습니다. 이런 사목을 하고 있는 한국교회를 우리 정부는 또 한 번 기가 막히게 내리치는데 그게 두 번째의 전국적 박해인 '기해박해'입니다.

천주교 신자, 왜 죽었나
당파싸움인가 신앙인가

초창기 한국교회를 큰 눈으로 보면 선각자들이 새로운 문화를 받아들이면서 천주교를 학문으로 받아들인 것이죠. 선각자들은 거기에 구원의 신비가 담긴 사실을 깨닫지 못했기에 자기들의 생각과 오랜 전통을 버리지 못하고 결국 교회를 떠나고 맙니다.

그래서 힘없는 사람들만 교회에 남게 되지요. 이 남아있는 신자들은 자신들이 살던 마을에서 살지 못하고 산속으로 들어가 살면서 목숨을 바쳐 신앙을 지킵니다. 그 속에서도 사제를 모셔오기 위한 노력을 계속하지요.

그 놀라운 노력의 결실로 조선교구 초대교구장에 바르톨로메오 브뤼기에르 주교가 임명됩니다. 그리하여 모방 신부가 들어오고, 샤스탕 신부가 들어오고, 또 제2대 조선교구장으로 앵베르 주교도 들어오게 되었죠.

이제 기쁨을 누릴 만한데 이것마저 깡그리 무너뜨리는 박해가 일어납니다. 그게 기해박해입니다.

기해박해는 정치세력의 주도권이 안동김씨에서 풍양조씨로 옮겨가면서 시작됩니다. 풍양조씨는 자기들이 세력을 확고히 거머쥐기 위해서 상대를 견제하지요. 그런데 상대를 견제할 때 아무 트집없이 견제할 수가 없잖아요. 이 견제 방법의 하나로 사학을 탄압한다는 명분을 세우는데 이것이 정치적 라이벌을 탄압하는 동시에 천주교 신자를 죽이는 결과를 초래합니다.

정치권력이 바뀌면서 풍양조씨 편에 기여하는 이지연이 우의정에 오릅니다. 우의정은 삼정승 중 하나이고 정치적 핵입니다.

권력의 또 한 핵으로 사찰을 맡는 좌포장 자리가 있습니다. 이 자리에 남흥교라는 사람이 오르는데 그는 자기가 좌포장으로서 사찰의 임무를 맡아 풍양조씨를 위해 해야 할 일이 뭔지 잘 압니다.

권력을 유지하려면 반대세력을 넘어뜨려야지요. 그 반대세력을 넘어뜨리려면 누가 봐도 객관적으로 수긍할 수 있는 명분이 있어야 합니다. 이 논의를 남홍교가 합니다. 사학 엄금교서를 내리자고 주장하지요.

그러자 이지연은 남홍교의 주장이 무엇을 하자는 말인지 즉시 알아듣습니다. '아, 이때에 천주교를 좀 때려잡고 풍양조씨 세력에 잘 보이자.'는 뜻을 곧바로 받아들입니다.

새로 권력을 차지한 사람들은 자신들이 하는 일을 정당화시키기 위해서 1839년에 척사윤음을 발표하고 천주교 탄압을 공식적으로 시작합니다.

권력의 중심에서 이 일을 벌이니까 지방토호들은 충성을 바치기 위해 천주교 탄압을 먼저 나서서 합니다. "당신 천주교와 관계 있지?" 하면서 잡아가 집어넣는 거예요. 이런 일들은 시대를 불문하고 늘 있습니다. 그렇게 박해가 시작되어 이제 무수한 순교자들이 생겨납니다.

한편으로 이 탄압에 정당성을 부여하기 위해 호기심을 조장하여 여론을 만듭니다.

"사학이 우리나라 사람들끼리 하는 게 아니고 외국에서 온 신부들이랑 하는 거래."라고 소문을 내니 당시 사람들이 굉장한 호기심을 갖지요.

"만 리 밖의 그 사람들은 어떻게 생겼는데?"

"언뜻 보면 사람 같지도 않대. 눈알이 파랗단다."

"아무리 그럴까."

"봤단다." 이렇게 궁금해하다가 많은 사람들이 "잡아봐라." 이렇게 된 겁니다.

조정에서도 한편 걱정스럽지요. 외국세력까지 은밀히 잠입해 들어와서 깊은 산속에 모여있다고 하니까요. 당시 조선사람들은 깊은 산속에 모여있는 사람은 임꺽정 같은 산도둑들이라고 생각했거든요. 그러니 불안하잖아요.

그래서 이 무렵 천주교 신자들을 뭐라 그런 줄 아십니까? 나라에 대해서 원망을 품은 사람들, 또 세상을 변혁시키려는 뜻을 가지고 있는 사람들, 산속에 무리를 지어 숨어 사는 불순분자들이라고 불렀어요. 그러니 천주교 탄압이 자연스레 이루어지는 거지요. 또 이때부터 교회가 자꾸 정치적으로 이용당하는 모습을 보입니다.

이처럼 정치적 싸움 속에서 정치와 아무 상관 없는 진짜 천주교 신자들이 잡혀가서 희생을 당하고 순교했기 때문에 사람들은 간혹 한국의 천주교 박해를 당파싸움의 결과라고 혼동하기도 합니다.

박해의 정치적 배경이 당파싸움인 것은 사실이지만 천주교 신자들이 죽은 이유는 분명 신앙 때문입니다. 그렇기 때문에 신앙의 결과였던 순교와 당파싸움은 엄격히 구별되어야 합니다.

기해박해 때의 순교자에 대한 이야기입니다. 이호영은 4년간 옥중에 있다가 1838년 11월, 서른여섯 살의 나이로 순교합니다. 기해박해가 일어난 해가 1839년인데 그렇다면 이 양반은 박해가 일어나기 한 해 전에 이미 죽은 거잖아요.

그러니까 천주교 신자 수색령을 정식으로 내린 해가 기해년이기는 하지만 그 이전부터 발각된 천주교 신자들은 계속 붙잡혀 갔습니다. 평온했다고 해서 천주교 신자가 하나도 안 붙잡혔다고 알고 있으면 안돼요.

'박해했다'는 것은 정부가 권력을 동원해서 찾아내는 것이고, '평온했다'고 하는 것은 정부가 일부러 찾아내지는 않지만 "이 사람이 천주교 신자입니다." 하는 고발이 들어와 천주교 신자로 밝혀지면 잡아넣는 것입니다.

예컨대 천주교 신자는 그때 축일표를 잘 가지고 다녔어요. 축일표를 안 가지고 다니면 안되었는지 잡힌 사람들은 모두 다

축일표를 갖고 있다가 발각이 되어서 잡혀 들어갑니다.

그러면 축일표가 있으면 죽는 것 아닙니까? 그런데도 그것을 가지고 있다가 잡혀 들어가거든요. 이게 참 묘합니다. 왜 그랬는지 저는 아직 그 이유를 잘 모르겠습니다.

6·25 때도 비슷한 일이 있었어요. 천주교 신자는 피난 갈 때 묵주를 몸에 감고 갑니다. 묵주를 몸에 감고 가다가 유엔군을 만나면 살지만 공산군을 만나면 죽습니다. 그렇게 묵주를 가지고 있다가 죽은 사람도 있고 산 사람도 있지요. 그것도 참 희한하지 않습니까?

영성적으로 전문적인 얘기를 하자면 할 말이 왜 없겠습니까마는 그 어떤 다른 뜻보다도 우리 초대신앙인들이 가지고 있던 순수성을 깊이 인식할 수 있는 부분입니다.

세상을 바라보는 교우촌
배티, 살티, 한티, 미리내, 배론

신자들은 첫 번째 신유박해 때부터 형성된 배티, 살티, 한티, 미리내, 배론 등지의 교우촌에 모여 살았습니다. 이 교우촌들은 다 깊은 산속에 있습니다. 그런데 깊은 산속이면 다 되느냐? 그렇지 않죠. 공통된 특징들이 있습니다.

교우촌에 도달할 수 있는 길은 오직 하나밖에 없고 교우촌까지 올라오는데 적어도 30분 이상 걸리고 그 길 어귀를 항상 내려다볼 수 있는 곳이어서 낯선 사람이 나타나면 숨든지 도망을 치든지 할 수 있어야 합니다.

또 교우촌으로 오는 길은 하나밖에 없어도 여기에 사는 이들이 도망칠 수 있는 길은 여러 개 있어야 합니다. 이 여러 개의 길은 교우촌으로 한꺼번에 들어올 수 없도록 깊은 산속으로 찾기 어렵게 연결되어 있죠. 기가 막힙니다.

다음 조건은 여기에 사람이 살 수 있어야 되니까 물이 있어야 합니다.

그 다음은 사람들이 생계를 유지할 수 있도록 옹기그릇을 구울 수 있는 나무와 흙이 있고 그릇 구울 가마를 만들 수 있는 조건이 구비되어야 합니다. 그게 안되면 숯이라도 만들어 팔수 있도록 참나무가 있는 곳이라야 합니다. 그런 곳을 찾아 들어갑니다.

이런 비밀장소에 위치한 교우촌은 그 지역의 중심이 되는 곳을 늘 바라보면서 언제든지 복음전파를 위해 세상으로 진출할 수 있는 장소가 되기도 합니다. 성지라고 하니 그냥 '그런가 보다.' 하지 마시고, 성지에 올라서서 한번 보시라 이 말입니다.

대구시를 중심으로 한 성지 중에 '한티'라는 곳이 있습니다. '한티'에 가면 옛 순교자들의 무덤이라고 전해지는 무덤이 있어요.

교우들과 함께 그곳에 갈 때에는 늘 오후에 출발합니다. "직장일 다 보고 가자."고 하면서 말이죠. 대구시에서 시외버스를 타고 한참 가서 거기서부터 시골길을 한참 걸어서 마지막 마을에 다다르면 이제 다 온 것이냐고들 묻습니다.

밤은 어두워졌는데 아직 멀었다고 대답하면 곤혹스러운 표정들이 됩니다. 거기서부터 또 산속으로 한참 더 걸어 올라가 드디어 "이게 순교자 무덤이다." 하면 모두 그쪽만 보고 있습니다.

한참 보고 있을 때 "뒤로 돌아서!" 그럽니다. 뒤로 돌아서면 아득한 산등성이 저 너머로 불빛이 보입니다. "저기가 당신들이 살고 있는 곳이다."라고 말하면 깜짝 놀랍니다.

그렇습니다! 이 교우촌 교우들은 세상을 등진 것이 아니고 대구지역의 성화를 목적으로 살고 있었던 것입니다. 그들이 생명만을 유지하려고 그곳에 살았던 것이 아님을 잊지 말아야 합니다. 그들은 세상을 피한 것이 아니라 세상의 성화를 꿈꾸며 늘 세상을 바라보고 있었던 것입니다.

그렇게 살고 있는 산속에 이제 주교도 오고 신부도 와서 애써 교회가 살아갈 길을 찾습니다.

흠 없어야 성인 성녀?

박해령이 발표된 후 첫 순교자는 정국보 프로타시오입니다. 서른 살에 영세 입교하였는데 잡혀 들어가 매를 맞자 즉시 배교합니다. 너무 아파서 배교하고 나왔지만 생각해보니 '아이고, 크게 잘못했다.' 싶지요. 그래서 도로 들어갑니다.

관장이 가만 놔두겠어요? "넌 임마! 배교하고 나간 놈 아니야. 나가!" 그러죠. 그러니까 "아닙니다. 저 배교 포기합니다." 라고 말합니다.

관장이 "쓸데없는 소리 하지 말고 돌아가라."고 하자 이번에는 "아까는 제가 배교했으니 천주교 신자가 아니고 다시 믿기 시작한 지금은 제가 천주교 신자입니다."라고 하지요.

그래도 관장이 상대를 안합니다. 가지도 않고 3일을 울면서 서있었다는데, 예수님을 배반하고 3일 동안 울었던 베드로의 모습을 연상시킵니다.

보통은 "살려주십시오." 하고 도망치는데, 무서운지 모르고 3일씩이나 울고 서있으니까 관장 입장에서 볼 때는 화날 일이지요. 결국 다시 잡혀 들어가서 말할 수 없이 매를 맞고 순교합니다.

초대교회 공로자들 중에는 정프로타시오뿐 아니라 배교한 신자가 많지요. 김대건 신부의 아버지 김제준도 잔악한 형벌에 못 이겨 일단 배교했다가 다시 돌아가 순교합니다. 초대 한국교회 건설공로자인 유항검도 처음에는 몹시 나약한 모습을 보입니다.

이것을 보고 어떤 사람은 "왜 윤지충처럼 끝까지 깨끗하게 순교하지 못하느냐?" 불만을 털어놓는데 저는 이 점에 대하여 정반대로 생각합니다.

초대 한국교회 순교자들이 전부 윤지충처럼 했다면 저는 어떤 의미에서 포기할지도 모릅니다. 그럴 자신이 없으니까요. 베드로가 나는 배반 안한다 하다가 창피당하듯이 말이지요.

배교하고서 다시 뉘우친 그런 사람도 순교해서 성인이 될 수 있다는 사실이 우리가 신앙생활 해나가는데 얼마나 큰 위로가 됩니까? 우리는 마지막까지 겸손한 자세로 지극히 인간적인 모습을 보이는 이 성인들처럼 쓰러지더라도 또 나가야 되겠다 이 말이지요.

박해의 역사를 말씀드릴 때 순교자 수만큼 누가 있었다고 했지요? 밀고자입니다. 밀고는 자기가 나서서 남을 일러바쳐 죽게 만드는 것이죠. 또 순교자 수만큼 밀고자가 있었으면 밀고자와 순교자의 수를 합한 것보다 더 많은 수의 누가 있었겠습니까? 배교자입니다. 배교는 매 맞는 게 무섭고 고통이 두려워 스스로 포기하는 것이죠.

순교하는 많은 사람들은 그 무수한 배교자들의 모습을 보고 가슴 아파합니다. 또 인간적인 측면에서 볼 때는 그렇게 혼자만 죽을 처지에 들어가는 게 고독하기도 합니다. 그런 점을 충분히 의식하셔야 됩니다.

척사윤음이 발표된 이후 돌아가신 분들의 얘기가 나오는데, 배교자 김순성의 계략에 속아서 앵베르 주교의 거처를 알려주었던 정화경이 한국순교성인 103인 중의 한 분으로 오른 것을 알 수 있습니다.

우리가 정화경처럼 천하의 등신, 바보는 없을 것이라고 한심해했지만 성인 성녀는 인간의 기준으로 되는 게 아닌가 봅니다. 그렇다면 우리도 성인이 될 수 있다는 뜻이 되지요. 모두 성인 성녀 되셔야 합니다.

또 57번째 순교 성녀인 김데레사는 유방제 신부의 신변을 돌보던 사람으로서 스캔들이 있었지요. 어떤 의미에서 스캔들의 희생자 아니겠습니까? 그런데 순교해서 성인품에 오릅니다.

이것을 보고도 앞으로 교회 안이나 부근에서 스캔들을 입에 올리시겠습니까? 그런 것은 절대 입에 올리지 맙시다. 나에게도, 남에게도, 하느님께도 아무런 영광이 되지 않는 일이지 않습니까.

앵베르 주교를 죽게 한 교우

정화경

박해가 시작될 무렵, 세 분 성직자들은 깊은 산속에 있는 교우촌을 찾아다니면서 성사도 주고 미사도 하는 '순례 사목'을 합니다. 전국에 박해령이 내려졌을 때도 이분들은 이 교우촌에서 저 교우촌으로 연결해 다닙니다.

이때 교우들 정성이 참 놀랍습니다. 다음 차례의 교우촌 사람이 신부가 계시는 교우촌으로 와 기다리다가 신부의 일정이 끝나면 모시고 갑니다. 그전 교우촌 사람도 다음 교우촌까지 함께 따라가 모셔다 드리고 되돌아가고, 그렇게 긴밀하게 연결하며 정성을 쏟습니다.

이 아름다운 전통이 지금도 남아서 본당신부가 다른 본당으로 전임갈 때 그쪽 본당 사목위원이 모시러 오지요. 초기 우리나라 교회가 '순례 사목'이었기 때문에 갖게 된 전통입니다.

앵베르 주교가 깊은 산속 교우촌에서 사목을 하던 때입니다. 김순성이라는 냉담자가 회두했다고 교우촌을 찾아옵니다. 냉담자가 회두하면 신자들은 그 사람을 데리고 눈물겹게 회두에 대한 감사기도를 드립니다.

그런데 김순성이 감사기도 해준 교우들을 관가에 일러바쳐 모두 잡혀가게 합니다. 그런 후 또 다른 교우를 만나 "아, 나도 인간인데 그 열심한 신자들이 순교하는 것을 보고 놀랐다. 이번에는 진정으로 회두했다."고 말합니다. 그러니 또 믿어주고 감사기도를 드리지요. 그러면 그걸 또 일러바칩니다.

그래서 김순성이라는 자가 나타나면 교우들은 상대를 안했습니다. 회두했다고 해도 웬만한 교우들은 "시끄럽다."며 무시합니다.

어느 날 김순성이 마음씨가 한없이 좋기만 한 교우 정화경에게 가서 눈물을 줄줄 흘리며 회두했다고 그러지요. 뭐라고 하냐면 "너도 알다시피 내가 천주교 신자를 많이 일러바친 덕택에 조정에서 나를 상당히 믿어준다."고 합니다. 그럴싸하지요?

"외국에서 오셨다는 주교님이 가서 천주교는 이렇게 저렇게 좋은 것이라고 설명하면 그렇게 나쁘지 않으면 임금님이 허락할 것 같더라. 내가 보니 이제 조정에서도 사람 죽이는데 지쳐서 천주교가 이러저러하다고 설명만 하면 한 번 듣고 풀어주더라."

이 말에 정화경은 귀가 번쩍 뜨입니다. 그렇게만 되면 죽음 당하는 사람이 더 안 나와도 되고, 산속 교우촌에서 힘들게 살지 않아도 된다는 생각에 너무 좋아합니다.

정화경은 주교가 임금한테 가서 천주교 교리를 쭉 설명하면 자기 같은 사람도 알아듣고 감동했으니 임금도 감동받아 영세할지도 모르고 그러면 박해도 당연히 없어지리라 생각하지요.

주교에게 빨리 이 말을 전해야 되겠는데, 누가 또 밀고하면 어쩌나 걱정하며 나름대로 꾀를 냅니다. 그런데 김순성은 정화경이 자기 말에 상당히 솔깃해 있다는 것을 눈치 채고 주교가 있는 곳을 알기만 하면 틀림없이 그 말을 전하러 갈 것이라 생각하고 정화경의 집을 지킵니다. 정화경은 속은 줄도 모르고 몰래 빠져나가고 김순성이 뒤따라가지요.

정화경이 앵베르 주교한테 나타나자 주교는 서울에 있을 사람이 교우촌까지 온 것을 보고 놀라며 또 교우들이 엄청나게 잡혀가서 순교했는가 싶어 "어쩐 일이냐?" 묻습니다.

"주교님, 참 기쁜 소식이 있습니다. 임금님께서 천주교 교리를 듣고 나쁘지 않으면 풀어주려고 한답니다. 그 말을 전하러 왔습니다."

정화경이 김순성에게 들은 얘기를 끝마치자 주교는 아무 소리 안하고 즉시 일어나 종이 한 장을 꺼내서 고향 프랑스에 마지막 편지를 쓰십니다.

"나는 순교합니다. 그것도 지극히 열심인 내 신자가 너무나 어리석어서 잡혀갑니다."

산속에 계시던 주교가 이렇게 어설프게 잡혀들어가고 맙니다. 김순성이 따라갔으니 딱 잡혀갔지요.

그런데 주교가 얼마나 현명하십니까. 정화경의 말을 듣고 벌써 '네가 속았구나. 나 잡으러 온 것이다.' 판단하고 빨리 마지막 글을 남겨놓고 잡혀가면서 나머지 두 분 모방 신부와 샤스탕 신부에게 명령을 내립니다.

"자수해라. 이유는 내가 잡혔으니 조정에서 반신반의하던 외국인 신부가 있다는 것을 확인하게 된다. 그러면 이제 너희들을 찾으려고 산속까지 뒤지게 될 텐데 그나마 남아있는 교우들마저 다 죽게 된다." 그럽니다.

두 분 신부는 주교의 명에 따라 자수하여 세 분이 다 잡힙니다. 자기 조국, 부모형제가 있는 곳을 등지고 땅끝까지 복음을 전하겠다는 그 한 가지 열의로 조선까지 왔는데 감사와 칭찬의 인사는커녕 손을 묶고 귀에는 화살촉을 꽂고 얼굴에 물을 뿌리고, 회칠을 한 다음 망나니들이 둘러서서 칼춤을 추며 목을 쳐 참수시킵니다. 한 분의 주교와 두 분의 신부는 이렇게 순교하셨습니다.

남아있는 교우들은 33년 동안 청하여 모시게 된 목자를 그렇게 돌아가시게 하니 너무 가슴 아프고 기가 막힙니다. 또다시 이 땅에는 단 한 분의 사제도 없는 목자 잃은 교회가 되었습니다.
정화경의 열의는 우리로 하여금 열심하기보다 좀 더 현명해야 하겠다는 마음을 갖게 합니다. 그러나 정화경은 자신의 어리석음을 통한하며 순교했고 성인이 되셨습니다. 역시 순수함은 인간의 어리석음도 뛰어넘나 봅니다.

정절의 향기, 순교의 향기

첫날밤 신부의 편지
조숙, 권데레사 동정부부

베이징을 아홉 차례 왔다갔다 한 정하상은 베이징 가는 길에 조신철을 동반자로 얻었지요. 그리고 유진길 등 동지들과 함께 사제영입운동을 벌입니다. 그는 사제영입운동의 서울 거점으로 조숙의 집을 이용했습니다.

정하상은 베이징에 갔다가 몹시 지친 몸으로 돌아올 때는 반드시 조숙의 집에서 휴식을 취해 힘을 얻었습니다. 베이징으로 가는 물건들도 상당량 조숙의 집에 숨겨놓습니다.

그러면 이 조숙은 또 어떤 분인지 궁금하죠? 일찍이 천주교 집회에 나가기는 했는데 별 재미를 붙이지 못한 분이었어요.

첫날밤 신부의 편지 77

모르는 것도 아니고 아는 것도 아니고 하여튼 형편없는 냉담자였습니다. 그러나 누구처럼 그것을 이용해서 밀고하는 짓은 안 했지요.

한편으로 권씨 집안 형제는 1801년 권일신의 순교로 다 죽고, 권일신의 다섯 남매만 남습니다. 고생 한번 해보지 않은 다섯 남매 중 막내가 권데레사인데, 어린 나이에 부모 잃고 배곯기를 밥 먹듯 하게 된 다섯 형제들에게 늘 웃음을 선물합니다.

나이가 차자 주문모 신부를 만나 첫영성체를 하고 그 첫영성체의 감격 속에서 혼자 동정을 결심합니다. 그러고는 주변 사람들에게 동정으로 살겠다는 말은 못하고 시집 안 가겠다고만 하니까 사람들은 어른들이 다 죽고 안 계시니까 그런가보다 생각하지요.

권씨 문중에서 "너 혼자 시집 안 갈 수는 없다. 그런 법은 없으니 시집가거라." 하지요. 조선시대 아닙니까. 시집 안 간다는 게 말이 안되거든요.

부모의 순교로 권씨 가문에서 천대받던 때여서 시집을 안 간다고 고집피울 수도 없고 교우한테라도 가야 되겠다고 마음먹지만 교우한테 시집가겠다는 소리도 못합니다.

권데레사는 어쩔 수 없이 열여덟 살쯤인 늦은 나이에 조숙과 혼인을 하는데, 남편이 냉담자라는 것을 잘 알기 때문에 기가 막힌 마음으로 결혼식을 올립니다.

첫날밤 신방에 조숙이 들어오자 권데레사는 차마 말은 못하고 편지 한 장을 내놓습니다. 그 편지에는 결혼하기 전 순결을 결심했던 마음이 적혀 있었지요.

그런데 냉담자인 조숙이 그 편지를 읽고 흔쾌히 동의합니다. 권데레사는 "이것이 하느님의 은총이 아니면 무엇이란 말인가." 하며 감격합니다. 권데레사는 불가능하리라 여겼던 자기의 뜻을 받아들여준 조숙을 정성을 다해 모십니다.

조숙은 아내의 정성 덕분인지 하루하루 생활이 바뀌더니 냉담을 눈물로 뉘우치고 신앙생활에 정진합니다. 그들은 가난해서 배고픈 처절한 생활을 했지만 역경도, 가난도 고통스러워하지 않고 영성적으로 깊어갑니다.

정하상이 베이징을 다녀오면서 천주교 관련 책과 성물을 받아서 의주까지 싣고 온 후 비밀리에 서울로 옮기려고 조숙과 약속을 합니다. "약속한 날에 너희 집에 갈 테니 각별히 조심해라. 이번에는 아주 소중한 물건이다."

그런데 정하상이 약속날짜로부터 만 하루 늦게 한양에 도착합니다. 성밖에 교우 몇 사람이 나와있다가 정하상을 붙잡고는 "그 물건 가지고 한양 들어가지 마라." 그럽니다. 정하상과 조숙이 만나기로 약속한 그날 조숙 부부가 천주교 신자라는 게 발각이 되어 포졸들한테 잡혀갔다는 것입니다.

그 부부가 발각된 데에는 조숙이 몸에 축일표를 지니고 있었기 때문이라는 얘기도 있고, 조숙이 가르치던 예비신자의 몸에서 축일표가 나왔는데 그 사람이 축일표를 조숙에게서 얻었다고 실토하여 부부가 함께 잡혀갔다는 얘기도 있습니다.

어쨌든 이 두 분은 오랜 결혼생활에도 불구하고 정결을 지키고 동정부부로 순교했다는 얘기가 전해집니다. 이들 자신이 동정이었다고 증명해보인 적은 없지만 이들이 동정부부가 틀림없다는 느낌을 받습니다.

세 차례 칼날을 받고 순교한 조숙의 시신은 너무나 깨끗했다고 합니다. 그 끊어진 머리채를 바구니에 담아 순교자 남이관 세바스티아노의 집에 놓아두었는데 바구니를 열 때마다 향기가 진동했다는 거죠.

기해박해 때 많은 사람들이 이 향기를 맡으며 조숙과 권데레사의 순교와 동정을 존경하면서 신앙생활을 유지했고 순교할 수 있었다고 합니다.

"너마저 천국길을 더 좁히려느냐?"
김루치아

순교자들의 신앙과 용기 앞에서 우리는 감탄을 합니다. 그것도 공소회장이나 교우촌의 으뜸 교우가 아닌 보잘것없는 여인이 보여주는 깊은 신앙에 더욱더 감탄하죠.

김루치아라는 여인은 어려서부터 천주교 신자였는데 교우가 아닌 남자에게 출가하게 되었습니다. 그런데 그 남편이 교우들과 만나는 것도 싫어하고 교우의 본분을 지키는 것도 방해하면서 구박을 일삼자 김루치아는 비관합니다.

결국 남편을 피해 다니면서 교우들의 집안일을 돕고 아이들과 병자들을 보살피며 살죠. 남편을 따르지 않은 것은 어떻게 보면 천륜을 어기는 것 같지만, 김루치아는 무식한 부인임에도 하느님을 열렬히 사랑했고 겸손했기에 많은 사람들을 입교 영세시켰습니다.

이분 입에서 그 유명한 말이 나옵니다.

사또가 "천국 가는 길은 좁고 지옥 가는 길은 넓다고 한다는데 그렇지 않아도 좁다고 하는 천국길에 너마저 들어가려고 한다면 좁지 않겠느냐?" 하며 비아냥대자 "사또께서는 수천 권의 책을 읽으셨지요. 그 많은 책 때문에 사또의 가슴이 비좁더이까? 하늘나라는 그런 곳입니다."라고 대답하죠.

성경 말씀 그대로 아닙니까? "네가 나 때문에 잡혀가고 나 때문에 매 맞고 그럴 때 무엇을 말할까 걱정하지 마라." 우리 조상의 입을 통해서도 성령은 이렇게 말씀하고 계십니다.

김루치아는 태형 30도를 맞고 옥에 갇혔는데, 기진해 쓰러져 다시 일어나지 못하고 사나흘 후 예수 마리아를 부르면서 명을 다했습니다.

"주께서 원하시는 일만 하라"
최양업 신부 아버지 최경환 회장

최양업 신부의 부친 최경환 회장에 대해 이야기하겠습니다. 이 양반은 좀 특이하지요. 아들을 신부되라고 외국으로 공부시키러 보낸 것을 관청에서 알고 "이런 나쁜 놈이 있나?" 그럽니다. 많은 어려움을 겪는데 최경환은 정말이지 사제의 아버지답습니다.

이분이 살던 곳이 서울의 관악산 밑 과천이라는 곳이지요. 지금 아파트단지가 무수히 들어선 그곳인데, 그 마을사람 전부가 최경환 회장 때문에 신자가 됩니다.

그런데 박해령이 떨어져 전국이 공포에 떨 때, 마을사람들도 모두 불안해하며 최경환 회장만 바라보지요. 그때 최경환 회장이 마을사람들에게 "불안해하지 말고 주께서 허락하신 모든 시간마다 주께서 원하시는 일만 하라. 우리는 농부다. 농부에게 주께서 원하시는 것은 농사짓는 일이다. 불안하거든 일을 하라."

　그래서 마을사람들은 걱정하지 않고 모두 평소대로 일을 합니다. 최경환 회장도 물론 도망치지 않고 집에서 평소의 일을 합니다. 참 아름다운 얘기지요.

　마침내 마을에 포졸들이 덤벼들었을 때 마을사람들은 평소 일하던 그 모습 그대로, 들에서 집에서 몽땅 다 잡혀갑니다. 육조가 있는 곳이 지금 세종로 쪽인데 7월 삼복더위에 과천에서부터 그 먼길을 끌려오는 거지요. 그것도 집에서 일하던 모습 그대로 말이지요. 모두 덥고 목말라 기진해 쓰러질 지경입니다.

　그때 최경환 회장이 앞에 나서서 "형제들은 용기로 분발하시오. 주의 천사가 지금 그대들이 걷고 있는 걸음을 재고 있다는 것을 아시오." 그렇게 격려합니다. 걸음걸음이 다 공로가 되고 있으니 힘내라는 이 격려의 말을 듣고 마을사람들이 한 사람도 낙오되지 않고 힘을 내서 걷습니다.

기진할 때쯤이면 그는 또 사람들에게 외칩니다.

"지금 우리들 앞서서 우리의 죄 때문에 골고타 산을 걸어가신 예수님의 발걸음을 연상하라."

놀라운 지도력을 가지고 마을사람들을 이끕니다.

이렇게 최경환 회장은 사제의 아버지다운 모습으로 끌려갔는데 이 때문에 말할 수 없이 매를 맞습니다. 한국 형벌 기록상 매를 400도 이상 맞고 산 사람이 없습니다. 그런데 이상하게도 엄청난 매를 맞고 옥에 처넣어진 최경환 회장은 꺼내면 그대로입니다. 다음에 꺼내면 또 그대로. 곤장 1,000도, 치도곤 460도를 맞고도 견뎌냅니다. 기적이라 할 수 있죠.

그러나 이분도 마침내 순교합니다.

우리나라 최연소 소년 성인

유대철 베드로

유진길은 역관의 집에서 태어나 열심히 공부해서 1만 권의 책이 움직인다는 별명을 가질 만큼 대단한 사람인데, 불교공부하다가 천주교 신자가 됐지요. 궤짝에 붙은 '천주실의'가 적힌 종이를 뜯어내어 공부를 했어요.

역관이지요, 1만 권의 책을 읽은 지식인이지요, 게다가 유진길은 모든 사람의 심금을 울리는 명연설가이기도 합니다. 유진길의 설명을 듣고 가슴이 뜨거워지지 않는 사람이 없었다고 했습니다.

무엇을 물어도 다 명쾌하게 대답을 해주어서 많은 사람들이 유진길의 얘기를 듣고 회두回頭했다고 합니다. 그런 그는 정하상과 함께 사제영입운동에도 헌신적인 노력을 합니다.

이렇게 훌륭한 유진길인데 아이러니하게도 막상 회두시켜야 할 자기 아내는 회두 못 시킵니다. 아내가 끝내 영세하지 않았고 더불어 딸도 꼼짝을 안합니다.

유진길의 아내는 그 시대 중인계급의 여인답지 않게 지식인이었고 훌륭한 가정주부였습니다. 자기가 신자가 안되는 까닭을 논리정연하게 설명합니다.

"당신이 백번 말해도 당신 말은 틀렸소. 당신 언변으로 다른 사람은 속여도 나는 못 속이오. 분명한 것은 당신이 믿는 그 믿음 때문에 죽어간 사람이 몇 명이오. 당신도 결국에는 죽소. 당신이 죽으면 패가망신이요, 패가망신하면 자손이 없어지고 집안이 멸문당하는데 내가 유씨 집안에 시집와서 유씨 집안을 지키지 못하면 도리를 다하지 못하는 것 아니오. 그러니 그 믿음을 버리고 유씨 집안을 일으키시오."

다 사실이고 맞는 말이죠. 하지만 유진길이 그 말을 들을 턱이 있습니까? 그러니까 유진길의 아내는 자녀들만이라도 철저히 교육시킵니다. "절대로 너희 아버지 따라가지 마라. 죽는다." 이렇게 말이죠. 딸은 엄마 말을 딱 듣습니다. 아들은 아무 말이 없었는데 알고 보니 아버지 말을 따르고 있었던 거예요.

엄마와 누나는 몹시 가슴 아프면서도 사랑을 듬뿍 받아야 할 이 어린 소년을 밤마다 괴롭힙니다. 상당히 논리적으로 설득하죠. 아이의 손을 딱 잡고 타이릅니다.

"엄마의 눈을 바로 봐라. 엄마 말을 듣느냐 안 듣느냐. 아버지가 믿고 있는 천주학을 믿다가 누구도 죽었고, 누구도 죽었고, 누구도 죽었다. 지금도 아버지가 천주학을 믿는다는 사실이 밝혀지면 잡혀간다. 잡혀가면 죽는다. 너도 잡혀가면 죽는다. 너마저 죽으면 후손이 있느냐 없느냐. 사서삼경 읽어봐라. 자손을 번창하게 하는 것이 가문의 할 일인데 네가 그럴 수 있느냐."

이때 열세 살밖에 안된 그 어린 소년이 어머니의 그와 같은 논리정연하고 설득력 있는 말에 긴 얘기 하지 않고 딱 한마디로 답합니다.

"어머니 말씀 다 맞고 어머니 말씀을 들어야 한다는 것도 알겠습니다. 그러나 순서가 있습니다. 아버지 말씀보다는 할아버지 말씀을 먼저 들어야 하고, 할아버지 말씀보다는 하느님 말씀부터 먼저 들어야 합니다."

어머니가 할 말이 없지요. 어머니는 아들을 개심시키려고 일부러 더 미워하고 어리광 한번 받아주지 않습니다.

그러던 중 아버지가 잡혀가자 이 열세 살 소년은 "나도 천주교 신자요." 하고 신앙을 고백하고 자수합니다. 이분이 바로 유대철 베드로인데 옥에서 심문을 받으며 엄포와 고문 등 무자비한 혹형을 당합니다.

첫 번째 매를 맞고 상처투성이로 옥에 돌아왔을 때 옥중 교우들이 어린 게 이 고통을 어찌 겪어내겠나 걱정하자 "너무 염려 마세요. 이쯤으로는 죽지 않습니다."라고 말합니다.

함께 갇혀있던 사람들이 앞으로 더 당할 형벌을 염려할 때 유대철은 "저도 잘 압니다. 제가 맞은 매가 한 되의 쌀 중에서 몇 톨밖에 안되는 것인 줄 압니다." 하고 오히려 안심시키죠.

어린 소년이 모진 매에도 전혀 굽히지 않자, 화가 난 형리가 벌겋게 달군 숯덩이를 들고 위협하며 "이래도 천주교를 버리지 않겠느냐?"고 묻습니다. 오히려 두려움 없이 입을 크게 벌리고 다가가는 기상에 교우들이 감탄하고 형리도 놀라 뒷걸음을 칩니다.

뼈가 부러지고 살이 헤어져 온몸이 성한 데라곤 없었지만 늘 기쁜 얼굴이었다는 어린 유대철이 갖은 혹형에도 죽지 않자,

여론이 나빠질 것을 두려워한 관아에서 1839년 10월 31일, 옥안으로 들어가 그 가련한 소년의 목을 졸라 죽입니다.

이렇게 하여 유대철 베드로는 우리나라 최연소 성인이 되고 주일학교 주보성인이 됩니다.

남녀노소, 신분을 불문하고
김효임, 김율리에타, 박봉손…

이렇게 교우촌마다 휩쓴 박해의 피보라를 생각하면 치가 떨리고 견딜 수 없지만, 교회는 이 박해 속에서 70여 성인을 얻습니다. 이것 하나만은 우리 민족 구원사에 남을 하나의 금자탑입니다.

집안 형편이 어려웠던 전경협은 궁녀가 되어 오라버니에게 벼슬 한자리 하게 해주었습니다. 그런데 천주교 신자인 게 알려져 전경협이 잡히니까 그 오라버니라는 자가 자기 벼슬 떨어질까 싶어서 "천주교 신자는 빨리 죽여야 된다."고 말합니다. 얼마나 서글픕니까?

남이관은 유방제 신부를 자기 집에 모셔 숨겨주었던 사람이고, 조신철은 베이징 가던 동지사의 마차꾼으로 채용되어 착실히 일하다가 유진길, 정하상의 눈에 띄어 세례를 받고 조선 교회의 큰 일꾼이 됩니다.

동정녀 김효임, 김율리에타, 가정주부 박봉손… 이 사람들 이름을 왜 일일이 부르냐 하면 그 신분을 보란 뜻입니다. 하느님의 진리가 남녀노소, 직업의 귀천을 불문하고 조선시대 모든 사람들에게 통했다는 것을 말씀드리고 싶습니다.

또 카타리나와 조막달레나 모녀, 이연희와 이정희 자매도 함께 순교해서 성인이 된 영광스런 분들이지요. 정하상의 모친인 유소사는 79세의 몸으로 고문을 견딜 수 없어 돌아가시지요.

이들 모두 귀한 분들이지만 특별한 사람이 있습니다. 이아나스타시아 소녀는 1839년 전주감옥에서 순교하셨는데 그때 나이가 열두 살입니다. 남자로서 최연소 성인은 열세 살에 순교한 유대철이지요. 적어도 이 소년소녀는 자기가 순교한다는 것을 알고 죽어갔습니다.

자기가 순교인지 아닌지 모르고 죽은 것을 순교라고 할 수는 없습니다. 어른들도 들어가서 견뎌내지 못하고 옥사하는 그런

곳에 열두 살밖에 안된 어린 소녀를 집어넣었으니 견디지 못하고 죽습니다.

그러니 이분도 성인일 텐데 왜 성인이 안되었는지 아십니까? 다른 분들은 모두 서울에서 죽었는데 이분은 전주감옥에서 돌아가셨거든요. 당시 우리나라에서 지방의 순교자까지 조사할 능력이 없어 성인품에 못 올렸던 겁니다.

지금까지 기해박해 이전의 황사영이라든지 이도기라든지 하는 순교자 얘기 들으셨지요. 그런 분들, 또 기해박해 때도 이 아나스타시아와 같이 시골에서 돌아가신 분들은 훌륭한 성인이 아닙니까?

이분들도 성인품에 오를 수 있도록 우리가 시성운동을 해야 합니다. 이분들 통해서 기적이 일어나도록 우리가 기도해야 합니다.

기해박해 때 이국 만리에서 조선의 구원을 위해 왔던 사제들이 이제 다 순교하셨습니다. 그리고 서울과 경기 일대에서 참수되신 분만 70명, 옥사가 60명으로 순교자가 130명이나 되지요. 그런데 이때 순교한 많은 분들 가운데 70명만이 현재 순교성인으로 선포되었습니다.

뛰어난 순교자들이 더 많지만 조사작업이 늦어져서 순교성
인품에 올리지 못하고 있죠. 전주감옥 특히 해미감옥에서 돌
아가신 많은 순교자들은 한 분도 성인에 오르지 못했습니다.

그렇게 해서 벌써 두 차례 목자 없는 교회가 되었다가 다시
사제가 들어올 때는 우리 방인 신부인 김대건 신부님이 부제
로 들어오십니다.

순교, 그 뜻도 모르고

초대 건설공로자들이 교회를 떠났을 때 윤지충의 순교로 그 명맥을 유지해왔지요. 그런데 첫 번째 전국적 박해로 그마저 완전히 사라져버리고, 33년 동안 박해 속에 단 한 분의 사제도 안 계셨지만 정하상과 유진길 같은 뛰어난 지도자들이 등장해 놀라운 헌신으로 교회를 이끌어갑니다.

이제 그들마저 두 번째 전국적 박해인 기해박해 때 다 죽습니다. 정하상을 비롯하여 2세대들이 이끌어가던 한국교회의 유능한 지도자들 중에 남은 사람이라곤 없습니다. 정말이지 그냥 두어도 사라질 이 한국교회가 어떻게 다시 그 명맥을 잇는지 그 자체가 하나의 기적입니다.

한국교회를 얘기할 때 "단 한 분의 사제 없이 평신도에게서 이루어졌다."는 것만 강조하는데, 사실 끊임없는 박해 때문에 죽어가는 교회, 도시에서 살 수 없어서 깊은 산속에 교우촌을 만드는 교회, 그속에서 살아남는다는 것이야말로 이것은 상상을 초월하는 기적입니다.

"한국교회에서 김아무개가 파견되어 주교님이 파견한 사람을 만났다." 이렇게 말하면, 대부분의 사람들은 아무런 생각도 상상도 안해보고 '그 사람들 만났는가보다.' 하면서 그냥 듣고 넘어갑니다.

얼굴도 모르는 사람들이 도대체 어떻게 만난단 말입니까? 어디서 만난다는 말입니까? 그리고 교우라는 신분이 드러나면 죽는데 "내가 신자요." 그리고 만난단 말입니까? 그들이 만나는 과정 한 가지만 생각해봐도 감탄스럽습니다.

한 달이 넘도록 부연사의 말머리꾼이나 짐꾼으로 신분을 숨기는 것도 위험하지만, 압록강을 건너 만주 봉황성에 도착해 저쪽에서 파견된 사람을 만나야 하는데 누군지 알 길 없지요, 거기다가 신분 노출 못하지요. 저쪽에서도 이 사람들보고 아무한테나 "당신 신자요?" 하고 물을 수도 없잖아요. 또 외부사람과 접촉하면 수상한 사람으로 지목됩니다.

굶어죽어 못 만나고 얼어죽어 못 만나고, 서로 엇갈려 만나지 못하는 그런 애타는 일들이 끊임없이 생기는 겁니다. 얼마나 놀랍고 아슬아슬한지 기가 막힙니다.

제가 대학에서 강의할 적에 '순교자' 얘기하면 학생들이 꼭이의를 제기합니다. "선생님이 천주교 신자라는 것은 알지만 아무리 그렇더라도 조국과 민족을 위해서 죽은 '순국자'나 '순교자'나 다 거기서 거기 아닌가요?"

목숨을 바쳤다는 게 같지 않느냐 이 말이지요. 그렇지요. 이차돈은 불교를 위해서 죽고, 김대건은 천주교를 위해서 죽고 순국자는 나라를 위해 죽은 거잖아요. 훌륭하지요. 그렇다면 순국과 순교, 뭐가 다릅니까?

우리는 늘 순교정신으로 살자 그럽니다. 그러면 "그래 맞아. 순교정신으로 살아야 돼." 다 아는 것처럼 대답하거든요. 다 안다는 것은 어떤 의미에서 잘 모르는 것이기도 합니다.

어떻게 사는 게 순교정신으로 사는 겁니까? 요즘은 피 흘리는 순교는 없으니까 자기고집이라도 꺾고 그 어려움을 이겨내면서 사는 것, 그게 순교라고들 말합니다.

그러면 묻고 싶습니다. 아, 그게 요즘 순교라면 순교하고 극기하고 뭐가 다릅니까? 들어보니 그것은 극기고 희생이네요. 희생, 극기가 순교입니까?

적어도 개념만은 분명히 알아둬야 합니다. 순교의 '순殉'자는 '죽을 사死'변에 초순, 중순 하는 그 '열흘 순旬'자가 붙어요. 짧은 기간에 죽는다는 뜻인데 무엇 때문에 그렇게 죽느냐? 이때 이 '순殉'자는 우리나라의 오래된 풍속 중에 순장제도에서 유래되지요. 임금이 죽으면 그 신하들이 따라 묻히는 제도 말입니다.

그러니까 순교는 종교를 따라서 죽는다 그런 얘기입니다. 그러면 순국은 나라를 위해서 죽은 것 아닙니까? 그렇다면 순국과 순교는 뭘 위했느냐 하는 것만 다릅니까?

요즘의 우리는 순국은 못해도 순직은 할 수 있죠. 자기가 맡은 일, 직장을 위해서 열심히 일하다 죽는 것이 순직입니다. 순국, 순교하고 같은 '순'자 항렬인데 이 세상에 '무엇을 위해' 안 죽는 놈이 어디 있습니까. 밥 먹다가 죽으면 순식이고, 농사짓다가 죽으면 순농이고 장사하다가 죽으면 순상 아닙니까. 그러면 이게 과연 같습니까?

그래서 본 뜻을 아는 게 중요하다는 겁니다. '순교'는 영어로

'마텔덤martyrdom'입니다. 희랍어 '마트르'에서 온 건데 '증거자', '참관인'이란 뜻입니다. 어떤 일을 직접 보거나 그 사실을 증거할 만한 사람, 즉 증인입니다.

이러한 뜻은 성서에서 사도들이 "예수 그리스도는 구세주이시고 그분은 십자가에 못 박혀 돌아가셨고 부활하셨습니다. 그리고 우리는 그 죽음과 부활의 증인들입니다."라고 한 데서도 볼 수 있습니다.

예수 그리스도의 죽음과 부활을 증거하는 바로 이 증인들을 따라 믿는 이들이 신앙인입니다. 그렇다면 나와 여러분도 똑같이 그리스도의 죽음과 부활의 증거자가 되어야 합니다.

구두쇠냐 성인이냐
교황 비오 10세의 신발

어떤 사람이 순교자인가 아닌가 판단하려면 '신앙옹호위원회'를 구성해야 합니다.

진짜로 신앙에 모범인 사람을 우리가 성인이라고 승인 안했다고 해서 잘못될 것이야 없지요. 하지만 어떤 분이 그 시대에 어느 누구도 반대하지 않을 만큼 훌륭한 신앙인이어서 우리 신앙의 모범이라고 선언해놨는데, 역사가 바뀌고 가치관이 바뀌고 문화가 바뀌었을 때, 별로 성인도 아니더라, 즉 모든 문화, 모든 시대를 초월한 신앙의 모범은 아니라고 판단될 경우, 그런 승인은 안했던 것만도 못하게 되잖아요. 이런 일이 없도록 하는 곳이 신앙옹호위원회입니다.

한편으로, 그래도 가능하면 승인하는 쪽으로 판단하려는 '부신앙옹호위원회'도 구성됩니다. 이 두 위원회가 한 사건을 놓고 따로따로 조사한다 이 말입니다.

어떤 사람이 일생을 살아가는데 지극히 거룩하게 잘살았어요. 모든 사람이 그를 존경했지요. 그분이 돌아가시자 장례미사 때 많은 사람들이 모여서 울고 그의 유덕遺德을 기렸습니다. 그러나 이 훌륭한 사람도 얼마 안 가서 잊혀지지요.

하느님께서 주신 위대한 은총 중 하나가 잊어버리는 은총입니다. 공부했는데 잊어버렸다고 "아이고, 내 머리야." 하지 마세요. 어머니 돌아가시고 그 슬픔 절대로 못 잊으면 못 삽니다. 우스운 얘기 안 잊어버리고 계속 웃으면 밥도 못 먹지요. 그래서 잊어버릴 수 있는 것도 하느님의 은총입니다.

그런데 어떤 사람이 죽고 난 다음, 세월이 흘러갈수록 그 사람의 유덕이 자꾸 기려진다면 이것 자체가 벌써 놀라운 일 아닙니까. 이 사람에 대한 공덕을 인정해주고 신앙적으로 옳다고 말해줘야 할 필요가 있을 때 그가 속한 교구에서 이 두 조사위원회에 조사를 맡깁니다.

두 위원회가 그 지역에 가서 각각 따로 조사합니다. 그 다음 각각의 조사결과를 가지고 두 위원회가 연석회의를 합니다. 단 한 건에 대해서라도, 단 한 사람이라도 반대자가 있으면 보류입니다. 이의 없이 만장일치일 때만 '아, 이분은 공식적으로 신앙의 모범이라고 말해도 된다.'라고 인정합니다. 단, 그 지역 안에서 말입니다. 그런 분을 '가경자可敬者'라 하죠.

그런데 이 가경자에 대한 공경이 자꾸 일어나서 어, 그만 기적이 턱 일어난단 말이에요. 이게 기적인지 아닌지 또 조사합니다. 기적이 있으면 이분은 '복자'가 됩니다.

복자에 대한 공경심이 또 계속 일어나서 여러 번 기적이 나야 '성인'이 됩니다.

그러므로 가경자는 그 지역의 신앙의 귀감이 되는 것이고, 복자는 보다 넓은 국가적 차원에서 신앙의 귀감이 되는 것이며, 성인은 모든 시대, 모든 인류에게 신앙의 귀감이 된다는 것입니다.

그러면 천국에 있는 어떤 사람이 성인이 된 사람을 보고 "야, 천당에도 차이가 있네. 사람들이 너만 알아주고 나는 아무도 몰라주네. 야, 섭섭하다." 그럴까요? 또 천국의 그 성인은 더 기쁘겠어요? 천만의 말씀입니다. 하느님의 영광 속에 계시는 그들에게 이런 것은 이미 아무것도 아닙니다. 자기를 기억한다고 더 엉광스러울 것도, 기억 안한다고 영광스럽지 않을 것도 없습니다.

그렇다면 여기서 알아두어야 할 게 있습니다. 그들을 성인으로 공경하는 까닭은 누구를 위해서입니까? 그들을 위해서가 아닙니다. 성인 성녀를 존경하는 까닭은 나 때문입니다. 내가 그들의 모범을 따라 구원받기 위해서이지 그 성인 영광스러우시라고 공경하는 게 아니죠.

얘기 나온 김에 덧붙여 설명하겠습니다. 아까 신앙옹호위원회, 부신앙옹호위원회가 한 건이라도 합의를 이루지 못하면 보류한다고 그랬지요? 그 재밌는 예가 있습니다.

교황 비오 10세가 성인인지 판단하기 위해 두 위원회가 각각 조사를 했는데 이의가 거의 없었어요. 그런데 끝에 딱 한 가지가 걸려 이 사람 성인 못 된다고 신앙옹호위원회에서 지적했지요. 무엇 때문인지 아십니까?

찢어지게 가난한 집에서 태어난 비오 10세는 어릴 때 상당히 먼 거리를 걸어서 학교에 다녔습니다. 신발이 자꾸 떨어지니까 집에서 동구 밖까지만 신발을 신고 그 다음엔 신발을 벗어 들고 학교로 뛰어갑니다. 학교 문앞에서 신발을 신고 학교생활하다가 집에 돌아올 때 신발을 벗어들고 뛰어나옵니다.

인간을 위해 주어진 물건을 너무 지나치게 쓰면 사치와 낭비가 됩니다. 모범이 될 수 없지요. 그렇다고 인간을 위해 주어진 신발을 인간보다 소중히 여겨 벗어들고 뛰어다니는 것은 구두쇠로서 이 역시 인류의 모범이 될 수 없습니다.

그 어린 게 벌써 신발 벗어들고 다닐 정도로 무섭게 구두쇠 노릇하면 나중에 재벌될 가능성은 있는지 모르지만, 인류의 모범은 못 된다고 유보한 것입니다.

그런데 다시 위원회가 열려서 부신앙옹호위원회에서 조사한 결과를 발표합니다. 만약 그분이 정말 신 닳는 게 아까워서 벗어들고 뛰었다면 성인될 자격이 없다. 그런데 알아 보니까 그게 아니더라 이 말입니다.

먼저 잠자리에 든 이 소년이 늦게 돌아오신 아버지가 엄마와 마주앉아 대화하는 소리를 잠결에 듣는데 엄마가 그러지요.

"얘 신발 사줘야 겠어요."

아버지가 묻죠.

"벌써 떨어졌나?"

"사준 지가 언제인데요. 길이 얼마나 멉니까. 왜 안 떨어지겠어요." 하니까 아버지가 "글쎄, 그거야 그렇지만 5일 있어야 월급을 받는데 5일만 더 견뎌주면 좋겠다. 5일 더 못 신겠느냐?" 그럽니다. "벌써 구멍이 나서 이틀도 더 못 신어요." 이런 엄마의 대답을 듣습니다.

이 소년은 아버지의 걱정을 5일만 덜어줄 방법이 무엇일까 고민한 끝에 신발을 벗어들고 뛰기로 한 거예요. 신발이 아까워서가 아니라 아버지의 걱정을 덜어드리기 위해서 그렇게 한 거죠.

똑같은 행위지만 신발이 아까워 그랬다면 구두쇠이고, 아버지의 걱정을 덜어드리려고 그랬다면 '사랑의 실천'인 것입니다. 그렇게 해결되어서 성인에 오릅니다. 얼마나 무섭습니까.

기적이 있어야 성인이

앞에서 가경자, 복자, 성인되는 순서 말씀드렸죠? 아주 엄격하게 조사가 이루어지기 때문에 한국교회 역사에서 누가 봐도 틀림없는 1만여 명의 순교자가 있었지만 불과 103인만 성인이 되셨습니다.

한국천주교회에서 성인 올려놓으니까 '뭐 저희끼리 해놨는데 옳게 했겠나. 믿다가 죽었으니 그렇게 인정하지 않았겠나.' 그런 어설픈 생각하지 마시란 얘기입니다.

그 후 시복, 시성규정은 바뀌었지만 절차상의 간소화를 기한 것이지 결코 기준을 쉽게 바꾼 것은 아닙니다. 요즈음 한국교회가 벌이고 있는 124위 순교자와 2위 증거자들에 대한 시복, 시성운동도 이 바뀐 규정에 의해 소중하고 엄격하게 진행되고 있습니다.

시복, 시성에 기적이 있어야 한다고 그랬죠? 말이 나왔으니 '기적'에 대해서 한번 정리를 해야겠습니다. 어떤 자매님이 가스레인지를 켜놓고 깜빡 잊어버리고 나갔다 왔는데 냄비가 다 타고 부엌에 연기가 자욱한데 불은 안 났더라. 그래서 내가 하느님 계신 줄 알았다고 말하면서 눈물을 흘립니다.

물론 그렇게 느끼는 자세는 좋습니다. 그것 때문에 열심히 신앙생활 하게 되면 좋은 일이지요. 그렇지만 개인적인 체험이나 계시만으로는 하느님을 증거했다고 하지 않습니다.

예를 들어 루르드의 성모동굴에서 시간당 14,400㎗의 물이 솟아납니다. 파리대학 교수가 1cc당 물 속에 들어있는 화학적 성분을 분석해 '그 물을 마셨다고 어떤 약물적 효과를 기대할 수 없다.'고 결과를 발표했습니다. 그런데 공식적으로 보고된 바에 따르면 교회에 한 달에 3, 4건 이상 그 물로 인한 치유체험이 전해집니다. 놀라운 일이지요.

교회가 이것을 기적이라고 그랬냐? 천만에요. 루르드의 성모와 관련되어서 교회가 기적이라고 선언한 것은 딱 두 번밖에 없습니다. 왜 그럴까요?

기적 요건의 첫째는 그것이 초자연적인 현상이어야 합니다. 초자연적 현상이냐, 아니냐는 신부, 수녀가 아니라 자연과학자나 전문가가 증명해야 합니다.

교회는 이 물에 의한 한 어린아이의 치유를 기적으로 인정했습니다. 이 어린이의 병은 폐렴이었습니다. 전문가인 내과의사가 진단을 하고 또 혈압이 얼마고, 체온이 몇 도고, 어떤 검사를 했는지와 그 후 수백 년이 지나 어떤 전문의가 보아도 폐렴이라고 할 수 있는 근거가 있었습니다. 그리고 그 진단에 따라 치료를 받고 어떠했는지 하루도 빠짐없이 적은 병상일지가 있지요. 그리고 모든 조치를 취했음에도 불구하고 가망이 없다는 주치의의 판단이 내려졌습니다.

그 마지막 판단에 어머니는 몸부림 치면서 죽어가는 어린 것을 품에 안고 뛰어가 막무가내로 루르드 성모의 물에 풍덩 담급니다.

그런데 만약 그 물에 담구는 행위가 질병치료에 어떤 방법으로든 도움을 준다면 그것도 초자연적 현상이라고 보지 않지요. 예를 들어, 고열이 났는데 할머니가 입에 물을 물고 있다가 "잡신은 물러가라." 하면서 얼굴에다 대고 훅 뿜었을 때 아이가 정신이 들어 깨어나는 걸 옆에서 보고 "야, 잡신이 도망갔네. 용하다." 하는데 그것은 말이 안되지요.

열이 올랐는데 찬물을 뿜어 주니까 정신이 드는 것은 당연하지요. 그렇잖아요? 그런 경우는 해당 밖이라는 겁니다.

폐렴으로 고열이 나는 환자는 서서히 열을 식혀야 됩니다. 갑자기 찬물에 펑 담그면 멀쩡한 사람도 심장마비로 죽게 되지요. 이렇게 의학적으로 치료와는 정반대의 행위를 했는데도 나았을 때라야 합니다.

그리고 나았다는 증명을 주치의가 해줘야 하고 의학적으로 설명할 수 없다고 시인해야 하며, 그 설명도 어느 전문의가 보아도 이의를 달 수 없을 때 이런 경우를 초자연적 현상이라고 합니다. 얼마나 어렵습니까.

이쯤되면 기적이냐? 천만의 말씀이죠. 이것은 단지 초자연적인 현상이라는 것만 얘기된 것입니다. 천주교가 그렇게 어설픈 동네가 아닙니다.

이 초자연적 현상이 하느님의 계시 진리임을 증명하는 메시지가 있어야지요. 이 증명은 자연과학자들이 아니라 성서 신학자들이 해야 합니다.

　어떤 초자연적 현상이 있을 때 그것이 인류에게 어느 계시 진리를 증명하려는 메시지인지 그 신학적 해석이 모든 신학자들에 의해서 일치되었을 때 비로소 기적이라고 합니다.

　그러니 천주교에서 인정하는 기적이 하나 일어났다는 것은 대단한 일입니다. 이런 기적이 있어야만 성인이 되는 거죠.

103위 성인, 기적은 있었나?

한국천주교 전래 200주년을 앞두고 한국교회는 103인 복자들 이름으로 기적이 일어나기를 청하는 기도를 했었지요. 103인 복자가 시성되려면 기적이 필요했기 때문입니다.

그런데 교회법에는 기적 유무에 관해서 교황께서 관면을 주실 수 있다고 되어있습니다. 그러면 교황 마음대로 관면이 되느냐? 절대 아닙니다. 교황이 관면주실 때에도 분명한 이유가 있어야 하고, 신학자들이 볼 때 합당해야 합니다.

교황께서는 한국교회에 관면을 주셨습니다. 그 이유가 뭔줄 아십니까?

그 첫 번째가 전 세계교회 역사상 유일하게 평신도들끼리 순교했다는 점입니다. 신부님의 강론 한번 안 듣고 김범우가 순교했다, 윤지충이 순교했다 하는데 이보다 더한 기적이 어디 있느냐 말이죠.

두 번째는 흔적없이 사라진 중국천주교와 달리 한국천주교는 계속 유지되었다는 점입니다. 625년에 중국에 네스토리아니즘이 전해졌지만 사라졌지요. 11세기 다시 몽고에 천주교가 분명히 전해졌고 몬테 코르비오의 요한이 전교했을 때 2만 여 명의 신자가 있었습니다. 마르코 폴로의 〈동방견문록〉에도 그 사실이 나와 있습니다. 그런데 흔적 없이 다 사라졌어요.

주교가 없으면 사제서품을 할 수 없기에 보통 교회가 사라지게 되어있습니다. 그런데 우리나라 교회를 한번 보십시오. 최초 10년 동안 사제가 없었고 주문모 신부가 6년 사목하고 순교한 다음 33년간 또 사제가 없었습니다.

앵베르 주교, 샤스탕 신부, 모방 신부가 사목하다가 1839년 기해박해로 순교한 뒤 김대건 신부 오실 때까지 또 7년 동안 사제가 없었죠. 1866년 병인박해로 다시 사제를 잃고 리델 신부가 들어오기까지 10년간 또다시 단 한 명의 사제가 없는 기간이 있었습니다.

그러니까 100년 동안 50년 이상 사제가 없었고 박해는 또 얼마나 지독했습니까. 그런 상태에서 교회가 사라지지 않고 유지되었다는 것 자체가 기적인 거죠. 그래서 한국교회를 '기적의 교회'라고 합니다.

더구나 윤지충의 시신, 이루갈다의 향내, 이도기의 죽음과 관련한 증언들을 보면 그때 상당히 많은 기적이 한국교회 안에 있었다는 사실을 알 수 있습니다.

이러한 일들을 교회가 시의적절하게 조사해야 했는데 심한 박해 때문에 제때 조사를 할 수 없었지요. 단지 조사를 못했을 뿐인데 지금 와서 기적이 없었다고 말할 수는 없지요. 그런 확실한 근거 아래 관면을 주신 것입니다.

그렇다면, 죽음보다 더 짙은 어둠의 삶 속에서도 순교자들이 남겨준 생애를 잊을 수 없어서 이루갈다의 옥중 서한을 손으로 옮겨 적어 목숨 걸고 가슴에 품고 다니던 그런 열의로 우리도 지금을 살아야 됩니다.

황사영의 백서에 이런 대목이 나옵니다.

"염치없지만 죄인 엎드려 관면 하나를 청합니다. 저희처럼 박해의 고통 속에 있는 교회에 금식제를 관면해주실 것을 청합니다. 교우들이 목숨을 구하기 위해 산속에 숨어있다가 3,

4일 혹은 1주일 만에 나와서 보리밥 한 덩어리를 얻게 되는데 먹으려고 보면 그날이 바로 금식일입니다. 이럴 경우에 이 밥을 먹도록 허락해주십시오. 주교님, 3, 4일을 이미 굶었기 때문에 이 밥을 먹도록 해달라는 뜻은 결코 아닙니다. 목숨을 걸고 사는 저희가 며칠 굶어 배고픈 것을 못 참아 그러는 것이 아닙니다. 당장은 그 밥을 안 먹어도 되지만 그것을 먹지 않았을 때 이 불쌍한 교우가 언제 다시 밥을 얻을 수 있을지 그 기약이 없기 때문입니다."

그래 놓고도 그게 부끄러워서 "이 어려운 때 이런 관면을 청하고 있는 저희들을 불쌍히 여겨주십시오."라고 합니다.

그런데 오늘날 곳곳에 앉아서 먹을 것 다 먹으며 뭘 하겠냐 이 말입니다. 또 안 먹는 것만 능사가 아닙니다. 먹을 것 다 먹더라도 그들이 보여줬던 그 인내와 헌신, 그 증거적 삶을 살아야 하는 것입니다. 그리스도의 죽음과 부활을 증거하지 않으면 평신도고 성직자고 아무 소용이 없습니다.

순교자들의 얘기가 내 마음속에서 지나간 옛 얘기가 아니어야 합니다. 순교자가 있었다는 것은 역사적인 사실이지만 순교하는 것은 지금을 살고 있는 나의 과제입니다.

오늘 나에게 주어진 이 은혜로운 모든 순간과 찬란한 하루하

루와 우리의 미소 속에서도 하느님의 사랑을 증거할 수 있어
야 합니다. 이루갈다처럼 한 생각이 떠올라도 주님, 한 호흡이
나와도 하느님이 나와야 하지 않겠느냐는 말씀을 드리고 싶습
니다.

죽음의 땅으로, 죽음의 땅으로

"벗이여! 나를 부러워하라"
조선 3대 교구장 페레올 주교

　1839년에 앵베르 주교 등 성직자들의 순교로 한국교회는 다시 목자 없는 교회가 됐지요. 정하상, 유진길, 조신철에 이어 현석문, 이재의 등이 기해박해 이후 한국교회의 지도자로 등장합니다. 말하자면 3세대 지도자들이죠.

　이들은 앞 세대의 지도자들보다 더한 역경과 시련 속에서 지도자로서의 삶을 시작합니다. 두 차례의 전국적 박해를 거치면서 모든 사람들이 천주교를 믿으면 죽는다는 것을 잘 알고 있었고, 나라에서 악의로 퍼뜨린 천주교 교리에 대한 모함이 널리 퍼져있었기 때문입니다.

"그리스도의 몸과 피를 먹고 마신다."는 말이 이렇게 전해집니다.

"그리스도 신자들이 왜 산속에 모여 사는지 아느냐?"

"사람을 잡아먹으려고 그런다 하더라."

"사람을 어떻게 잡아먹는데?"

"짐승과 매한가지로 사람의 몸과 피를 서로 나누어 마신다고 하더라."

일반사람들이 들으면 얼마나 무섭고 기가 막히겠어요. 별의별 모함과 가당치 않은 얘기들이 퍼져가는 가운데도 천주교 신자들은 사랑을 실천하는 일을 게을리하지 않습니다.

그때 우리나라도 태국과 중국처럼 어린 아이가 너무 많이 죽어갔습니다. 그때는 아이가 죽으면 장례도 안 치르잖아요. 그런데 아이가 죽는다고만 하면 천주교 신자들이 달려옵니다. 그 아이들의 목숨이 떨어지기 직전에 대세 주고, 그 영혼을 소중하게 묻어주기 위해서지요. 일반사람들은 왜 그러는지 이해를 못했지요.

그 어려운 상황 속에서 현석문, 이재의 등은 교회를 이끌어가는 한편으로 베이징으로부터 사제를 영입하는 운동을 계속 전개합니다. 1840년, 베이징에 연락하기 위해 편지를 준비하여 비밀리에 밀사를 보냅니다. 그런데 이 사람이 가다가 얼어 죽어버렸어요.

1841년에 다시 보냈지만 편지를 전하지 못합니다. 얼마나 애가 탔겠어요. 다시 준비하는 데만 꼬박 1년을 기다려야 하니까요. 이런 서러움 속에서도 교우들은 서로 격려하면서 함께 살아갑니다. 이런 교회가 존재하고 유지된 것이 참 신기하지 않습니까?

1842년에야 한국교회가 파견한 김프란치스코라는 밀사가 부연사행에 종으로 변장해 중국으로 들어가 페레올 주교가 보낸 사신과 접촉을 합니다. 그 사신 중의 한 사람이 김대건 신학생이었습니다.

이 만남을 통해서 비로소 세계교회는 조선에서 기해박해가 일어나 2대 교구장 앵베르 주교가 순교했다는 것을 알고, 3대 교구장을 임명합니다. 그 3대 교구장이 페레올 주교입니다. 김대건은 이 페레올 주교의 사목방침과 명령을 충실히 따릅니다.

프랑스 아비뇽 교구 퀴퀴롱 출생인 페레올 주교는 1838년에 파리외방전교회 신부가 되고 1838년 8월 14일 벨리나 지역의 주교와 동시에 조선 교구장의 승계권을 잇는 보좌주교로 임명됩니다.

페레올 주교는 1839년 5월에 프랑스를 출발해서 1840년 마카오에 도착합니다. 세계교회에서는 앵베르 주교가 있는 조선 땅에 보좌주교를 파견함으로써 계속 지원을 하려고 한 것이지요.

조선교구의 보좌주교가 된 페레올 주교는 1840년 몽고의 서만자에서 앵베르 주교가 조선에서 발송한 편지를 받습니다. 1838년에 쓴 편지인데 2년 뒤에야 전달이 된 겁니다. 더 눈물겨운 것은 이때 이미 앵베르 주교가 순교한 후라는 사실입니다. 1839년에 순교하셨으니까요.

그렇지만 페레올 주교는 그 사실을 모른 채 편지를 읽습니다. 그 편지에는 두 가지 중요한 내용이 있습니다.

하나는 "조선에 들어오는 모든 선교사들은 단순한 열의만으로는 부족하고 영웅적인 인내심을 가져야 한다."고 강조하고 있습니다. 전에 말씀드렸던 앵베르 주교의 일기 기억나십니까?

"맨 바닥에서 자는 잠, 영양가 없는 밥, 건조한 기후 속에서 새벽부터 밤까지 잠도 못 자면서 일하고 배고픔에 시달리는…."

그러니까 낭만적인 생각으로 단순히 주님의 복음을 전한다는 열의만 가지고 와서는 견딜 수 없으니 영웅적 인내심을 갖고 와야 한다는 얘기를 한 거죠.

두 번째는 '조선국경 통과가 매우 어렵다.'는 내용입니다.

이 편지 내용이 얼마나 상세하고 비장했던지 페레올 주교는 자신의 생각과 실제상황이 많이 다르다는 걸 깨닫습니다. 당시 페레올 주교가 친구 신부에게 썼던 편지를 보면 조선에 가려는 이분의 열의가 그때부터는 단순한 낭만이 아니라 어떤 각오와 태도를 지니게 되었다는 내용이 분명히 나옵니다.

"내가 이제 분명히 알았다. 조선에서의 삶은 하루하루가 곧 죽음의 삶이고, 어떤 형태로든지 죽음을 각오해야 되는 현장이다. 벗이여! 나를 부러워하라. 그리스도의 십자가를 질 수 있는 가장 가까운 자리에 있는 나보다 더 유리하게 십자가를 질 수 있는 사람이 또 어디 있겠는가."

보통 얘기가 아니지요. 참으로 비장한 결의입니다. 그렇지요? 그런 각오로 우리나라에 들어오신 겁니다.

그리고 그 편지 마지막 부분에 이런 기도가 들어있습니다.

"조선에서 사목하는 모든 이가 죽어가는데 그들의 뒤를 이어 그 자리에 가는 나의 순교조건은 무엇입니까. 주님, 제가 지녀야 할 조건은 어떤 것입니까? 그 모든 것 당신의 뜻대로 이루어지소서."

서만자에서 페레올 주교는 조선교구와 연락하기 위해 여러 가지 시도를 하지만 실패하고 1842년에야 김프란치스코를 통해서 조선교회의 참상을 전해 듣습니다. 그래서 그 참상을 세계교회에 알리지요. 교황청에서는 제2대 교구장이 순교하고 안 계시니 승계권을 가진 페레올 조선교구 보좌주교를 당연히 3대 교구장으로 임명합니다.

　1843년 12월 31일 개주 양관에서 만주교구의 베롤 주교로부터 성승식을 받은 페레올 주교는 1년 후 김대건 신부에게 부제품과 신품을 주면서 조선에 복음을 선포할 수 있는 방법, 사제가 들어갈 수 있는 방법을 찾도록 당부합니다.

천사의 날개, 상복과 방갓

김대건 신부는 페레올 주교의 당부에 따라 조선에 사제를 모셔올 준비를 합니다. 국경을 탐험하면서 압록강과 두만강이 완전히 봉쇄된 것을 확인하고 사제들이 육로로는 도저히 들어올 수 없다는 것을 알게 됩니다. 그래서 김대건 신부 이후 최양업 신부 외의 다른 성직자들은 육로가 아닌 해로로 들어오기 시작한 겁니다.

김대건 신부는 사제를 모셔오기 위해서 해로를 개척해야 했지요. 황해도 일대의 해로를 살피고 한국지도를 그렸는데 이지도가 김정호의 것만큼 정확하다고 합니다.

앞에 말씀드린 네 분 성직자는 하수구로, 또 돌림병 환자로 위장해서 들어오잖아요. 들어와서도 키는 크지요, 얼굴 이상하지요, 눈에 당장 띄지 않겠어요? 그런데다가 전국에 오가작통법이 시행되어 보는 대로 밀고하는데 그분들이 어떻게 우리나라에서 선교를 할 수 있었겠어요?

그런데 이분들은 조선시대 풍속을 역이용합니다. 그중 하나가 '아무리 어리더라도 상중에 있는 사람의 말은 들어준다.'는 것입니다. 부모를 잃은 슬픔 중에 있는 사람이 시킨 것은 들어주는 게 그를 위로하는 것이라는 우리나라 사람들의 인정에서 나온 풍습이지요.

조선시대에는 부모상을 당하면 상복을 입고 김삿갓처럼 방갓을 씁니다. 이 방갓은 크고 깊어서 눌러쓰면 턱이 보일락말락 할 정도입니다. 왜 그렇게 쓰느냐? 부모를 잃은 죄인이 하늘을 우러러 볼 수 없다는 것이지요.

또 상복을 입은 사람이 지나가면 그 슬픔을 위로하는 뜻에서 누구든지 일단 길을 비켜줍니다. 상주가 먼저 지나가게 하지요. 이 예절이 요즘도 남아있어 장례차가 나가면 다른 차가 비켜줍니다. 그런데 이 미풍양속마저 점점 없어져서 장례차가 지나가도 옆에 떡 끼어 들어가기도 하지요.

또 상주에게 먼저 말을 붙이지 않습니다. 슬픔에 잠겨있는 사람의 심정을 헤아릴 길 없으니 상주가 먼저 말을 하지 않는 한 절대로 말을 걸지 않지요. 참 멋있지요? 또 상주는 아무리 말하고 싶어도 웬만하면 하지 말아야 합니다.

그래서 신부들은 일단 국경을 통과하면 교우들이 미리 준비해간 상복을 입습니다. 그리고 얼굴이 안 보이게 방갓 딱 쓰고 몹시 슬픈 척하면서 길을 갑니다. 모두 길 비켜주지요, 말도 안 걸지요. 말 걸면 큰일 납니다. 우리나라 말 모르는데 당장 들통 나지요. 이렇게 서울까지 와서 선교하러 다녔던 겁니다.

그래서 샤스탕 신부는 신자들한테 자기 상복과 방갓을 들어보이며 '천사의 날개'라고 했답니다. 통행증 노릇을 단단히 한 거죠.

조정에서 이들을 잡아다 벌을 주려고 할 때 이분들이 "내가 뭘 잘못했나?" 그러거든요. 사실 선교사들이 뭘 잘못했습니까. 아무것도 잘못한 게 없으니까 겨우 한다는 소리가 "네가 땀 한방울 안 흘리고 우리나라 농부들이 지은 양식을 먹었지 않냐." 이렇게 걸고 넘어집니다.

참 쩨쩨하지요. 그것을 죄라고 할 수 있습니까?

대답할 필요도 없는 질문이지만 청렴한 신부가 대답합니다.

"미안하지만 내가 당신 나라 음식을 아직 못 먹기 때문에 음식을 우리나라에서 가져와 먹고 있소."

사실이 그랬습니다. 자질구레한 생활용품들까지 가져왔습니다. 초대교회 종들이 다 어디서 온 겁니까? 성상들은 또 어디서 가져온 겁니까?

신부가 가져온 이런 것들이 묘하게도 우리나라 예술의 효시가 되기도 합니다. 선교사들은 건축, 미술, 음악 등 우리나라 문화 전반에 많은 영향을 끼칩니다.

경상도에서는 비누를 '사분'이라고 하는데 경상도 사람들도 이게 경상도 사투리인 줄 압니다. 그런데 사실은 아닙니다. 우리나라엔 비누가 없었잖아요. 프랑스 신부들이 비누를 가져오셨지요.

돌같이 생겼는데 향기도 나고 거품도 싹싹 잘 나고 때도 잘지고 참 좋거든요. 교우들이 궁금하여 "신부님, 그게 뭡니까?" 하고 묻자 "싸봉savon!" 그렇게 대답을 하시죠. 그걸 듣고 경상도에서 비누를 사분이라고 해왔던 거죠.

또 성당 짓는다고 하니까 우리나라의 큰 목수들이 으레 '나 불러야 안되겠나.' 기다리고 있는데 안 부르거든요. 이상해서 가 보니까 손바닥만한 벽돌만 잔뜩 구워 쌓거든요. 그 큰집을 지으려면 아름드리나무를 갖다 놓아야 할 텐데 이해가 안되죠.

사람들이 "아, 성당 짓는다 하더니 담만 쌓네. 우리는 집 짓고 담 쌓는데 저 사람들은 담부터 쌓고 집을 짓는가 보다."고 수군댑니다.

그래서 점심을 싸 들고 구경갑니다. 돕지는 않고 구경만 하지요. 우리나라 사람들이 종일 구경만 하지 일은 안하니까, 또 시켜도 할 줄 모르니까 명동성당 지을 때는 중국사람들을 데려와서 일했습니다. 그런데 청·일 전쟁이 나 중국사람들이 전부 가버립니다. 그러자 우리나라 사람들은 "그래, 집 안될 줄 알았다."고 합니다.

그런데 얼마 후에 담만 쌓아두었던 그 위에다 천장을 덮는 거예요. 집이 되어버리거든요. 기겁을 하는 겁니다. 그런 건축양식이 우리는 없었잖아요. 성당 짓는 것이 서양 건축양식 도입의 효시가 되는 거죠. 이런 식으로 자연스럽게 한국의 모든 생활영역에 영향을 미친 겁니다.

아버지 순교 사실도 모르고 조선으로
신학생 김대건

마카오에서 공부를 하던 신학생 김대건에게 페레올 주교는 조선의 사정이 어떤지 한번 들어가 보라 그러지요.

김대건이 유방제 신부님의 손을 잡고 국경을 나올 때만 해도 국경수비가 그렇게 엄하진 않았습니다. 그러니까 선교사들이 국경을 통해 입국할 방도가 있겠는지 먼저 탐사를 하게 한 것입니다.

그런데 두 차례 박해 이후 국경이 무섭게 강화되지요. 목책을 세워놓고 변문을 설치했을 뿐만 아니라 국가에서 특별히 금지령을 내리고 국경수비대를 증원하여 엄격히 통제합니다.

자신이 유학을 떠난 다음 기해박해가 일어났기 때문에 김대건은 아버지가 순교했다는 사실도 전혀 모릅니다.

만주를 거쳐서 조선으로 들어가야 하는데 중국본토 쪽으로 올라갈 방법이 없는 겁니다. 그러던 차에 1842년 2월, 프랑스 군함 2대가 북상을 하게 됩니다.

갑자기 웬 프랑스군함인가 싶지요? 1842년, 영국이 식민지 정책을 펴면서 중국에 있는 이권을 챙기려고 분쟁을 이용해 고의로 전쟁을 일으킵니다. 그게 아편전쟁이죠.

이 사실을 안 프랑스도 이때 동방진출의 기회를 잡아보려고 프랑스해군을 현지에 파견한 거죠. 에리곤호와 파보리트호, 이 두 군함에 프랑스군대를 싣고 중국으로 들어가려고 하는데 중국지리도 어둡고 중국말 할 줄 아는 사람도 없지요.

그래서 두 배에 각각 통역관을 태우게 됩니다. 그 통역관이 바로 아직 신부는 안되었지만 신학교 수업을 하던 최양업과 김대건 두 분입니다. 이때 조선에 파견된 두 외국인 신부들도 함께 탔는데 김대건 신학생이 탄 에리곤호에는 메스트르 신부가 최양업 신학생이 탄 파보리트호에는 브뤼니에르 신부가 타게 됩니다.

이렇게 두 배에 각각 나누어 타고 중국으로 올라가면서, 중국 안의 천주교 신자들과 비밀리에 연락을 취합니다. 중국에서도 이미 천주교 박해가 일어나서 매우 조심해야 된다는 사실을 알고 있었기 때문입니다.

그런데 프랑스함대가 제대로 활동도 펼쳐보지 못하고 양자강 어구에 도착했을 때 아편전쟁이 끝나고 맙니다. 영국과 중국이 난징조약을 맺어서 아편전쟁 뒷마무리를 한다는 것입니다. 전쟁 다 끝나고 프랑스군함이 올라가면 뭐 합니까? 아무 소용이 없지요.

군함은 군사적 작전임무가 끝나면 돌아가야 합니다. 필요해서 신부와 신학생을 태웠지만 이제 작전이 끝났으니 신부들이 가야될 목적지를 배려할 형편이 못 되지요. 양자강 어구에 그들을 그냥 내려놓고 가버립니다.

어쨌든 조선으로 가야 할 형편이라 안내원의 안내를 받아 작은 배를 한 척 구합니다. 해안선 상륙이 위험하니까 양자강 어구의 무인도에서 어두워지기를 기다리지요.

인적이 드물고 잘 보이지 않는 그런 때가 되어서 지금쯤은 괜찮겠다 싶어서 조심스럽게 배를 육지에 댑니다. 신부와 신학생이 육지에 발을 올리고 딱 일어서는데 갑자기 30여 명의 사람들이 숨어있다가 나타나는 것처럼 몰려오기 시작하는 거예요. 그 모습에 얼마나 놀랐으면 중국말을 하는 안내원이 공포에 질려 아무 말도 못합니다. 그쯤 되니까 거기에 있는 사람 모두 제정신이 아니지요.

30여 명이 이들을 둘러싸고 중국말로 뭐라고 떠듭니다. 그렇지만 중국말을 모르는 사람 입장에서 막 뭐라고 말하면서 손을 붙잡고 가자고 잡아당기니까 잡혀가는 것으로 느낄 수밖에요.

일이 그쯤 됐으면 중국어를 하는 안내원이 정신을 차려서 제대로 말을 전해줘야 하는데 이 사람이 너무 놀라서 분간을 못하고 말도 못하는 겁니다.

그때 김대건 신학생이 대단히 큰 소리로 또렷하게 "너희들은 손님에 대한 예절도 없느냐. 어찌 이리 무례하단 말인가." 하고 호통을 칩니다. 너무도 당당하게 꾸짖지요. 하도 큰소리로 정연하게 꾸짖으니까 30여 명이 놀라서 꼼짝 못합니다.

이 놀랍고 다급한 돌발상황에 마침 어디선가 중국사람이 급히 뛰어나와 사람들을 말리고 신부들을 모셔갑니다. 그게 누구냐 하면 연락을 받고 기다리던 공소회장이 상황이 급한 것을 알고 천주교 신자를 보내 만류해준 것입니다.

이렇게 해서 겨우 위급한 상황을 모면합니다. 알고 보니 그 사람들은 천주교 신자를 잡으러 온 것이 아니고, 그 동네에서 외국인을 상대로 장사하고 물건을 받아내는 사람들이었던 겁니다. 그러니 서로 손님 끌려고 손을 잡고 팔 물건이 있으면 나한테 팔라고 얘기한 것이었습니다.

이렇게 전해 듣는 이야기로는 대단치 않은 일인 것 같지만 한번 상상을 해보세요. 해지기를 기다리며 숨어있다가 겨우 육지에 올라서자마자 맞닥뜨린 그 갑작스런 상황에서 김대건 신학생이 보여준 행동은 기지만으로 담력만으로는 안되는 것이죠. 모두 겸해야 가능한 겁니다.

이때 함께 있었던 메스트르 신부는 뒷날 이 절체절명의 위기의 순간을 담력과 기지로 극복해내는 김대건 신부를 회상하며 놀랍고 담대한 사람이라고 칭찬했습니다.

밀사 김프란치스코

중국땅에 올라설 때부터 간 떨어지는 경험을 한 김대건 일행은 이제 '자라 보고 놀란 가슴 솥뚜껑 보고 놀란다.'고 양자강 입구에서부터 우리나라에 가까운 소팔가자지금의 연변 길림성 회룡시 지역 근방까지 공포에 질려 올라옵니다.

1842년 가을쯤 만주 요동해안에 도착하지요. 10월 26일 요동 백가점百家店에 도착하니 벌써 추운 겨울이 됐는데 별별 이상한 소문이 들리는 거예요.

그래서 소식을 알아보려고 조선사람들이 자주 드나드는 주막집에서 물어봅니다. 이 무렵 천주교 신자임을 숨기면서 당

당하게 이름을 밝히고 중국에 들어올 수 있는 사람은 역관이
었습니다.

  유진길은 역관으로 학식이 있으니까 만주쪽에서는 그를 유
대인이라고 불렀습니다. 그래서 주막집 사람을 붙잡고 "요즘
유 대인이 왜 안 보이오?" 그러니까 그 사람이 탁 쳐다보면서
"유 대인을 왜 찾소?" 하거든요.
  또 한차례 간이 떨어집니다. 혹시 그동안 유진길이 천주교
신자인 것이 밝혀졌으면 천주교와 연관된 사람으로 잡혀갈 위
험이 있으니까요.
  급하게 둘러대기를 "그 사람한테 꿔준 돈이 있는데 그것을
받아야 될 것 같아서 찾는 것이오." 그럽니다. 그 양반이 웃으
면서 "당신 돈 받기는 틀렸소. 평생 기다려도 어려울 거요."
하는 겁니다. "어째 그렇소?" 하고 묻자 "그 사람 머리하고 몸
하고 떨어지고, 팔과 다리 다 떨어져서 몸이 여섯 조각 나 죽
었다고 들었소." 이런 대답을 합니다.
  이게 능지처참 당한 것 아닙니까. 청천벽력 같은 소리지요.

  이 소문을 확인할 길도 없고 물어볼 방법도 없거든요. 대담
무쌍한 김대건과 메스트르 신부 둘이서 이 사실을 확인하기

위해서 장사꾼처럼 변장해서 조선에 들어가려고 합니다. 그러나 이 시도는 현지사정을 잘 알고 있던 만주교구장의 만류로 중단됩니다.

그래서 조선으로 들어가는 것은 포기하고, 김대건 신학생과 함께 왔던 다른 두 사람이 변문을 통과하는 조선사람 중에 조선교회에서 파견한 밀사를 혹시나 만날 수 있으려나 하고 봉황성 입구에 나와 섰는데 마침 한 떼의 행렬이 그 앞을 지나갑니다. 동지사 행렬이 통과해 들어오는 것이지요.

속으로 '틀림없이 저기에 밀사가 있을 텐데 3백여 명이나 되는 일행 중에 누가 그 사람일까.' 생각하고 그 행렬을 하염없이 바라보지만 알 길이 없습니다.

김대건 신학생이 살피고 또 살피다가 대단히 순박해 보이는 사람 하나를 발견하고 그 양반한테 가서 "당신 어디서 와요?" 하고 묻자 조선에서 온다고 대답합니다. 그래서 "나는 김가요." 하고 인사를 하자 그 사람도 "나도 김가요." 하고 대답을 합니다.

그러고는 더 이상 물어볼 수가 없어 그 사람을 보내고, 또 그런 사람이 있나 찾아봅니다. 3백여 명을 처음부터 끝까지 종일토록 봐도 그런 사람은 더 없는 거예요.

그래서 처음에 만났던 김씨라는 그 사람을 도로 찾아갑니다. 또 인사를 하니까 그 양반도 뭔가 모르게 쭈뼛쭈뼛하거든요. 김대건 신학생이 용감하게 물어봅니다. "혹시 당신이 천주교 신자 아니오?" 하니까 "그렇소." 그러거든. 그 말을 믿어야 할지 말아야 할지 모르겠어서 "그렇다면 당신 본명이 뭐요?" 묻자 "프란치스코"라고 대답합니다.

이분이 바로 한국교회에서 파견한 밀사 김프란치스코였습니다. 너무 반가워서 껴안고 기뻐하는데 그게 사람들 보기에 이상하죠. 그때는 조금만 이상한 일이 있으면 모두 빙 둘러서서 구경들을 했습니다. 그래서 비밀유지가 안되는 겁니다.

그래서 두 사람은 적당한 핑계를 대고 사람들을 피해 다니며 따로 만나는데, 김프란치스코가 조선에서 비밀리에 보낸 성직자들의 편지와 한국교회의 사정을 적은 편지들을 전해줍니다.

그리고 두 차례 박해가 일어나서 국경경비가 삼엄해졌다는 사실도 알려주지요. 외국인 신부는 국경을 절대로 넘을 수 없고 조선인교우도 국경 넘기가 지극히 어렵다는 사실을 확인합니다.

두 차례의 박해소식에 김대건 신학생은 가슴이 미어집니다. 가장 기막힌 소식은 할아버지와 아버지가 죽고 어머니는 의지

할 곳이 없어 거지가 되어 헤맨다는데 어디에 계시는지 통 알수 없다는 겁니다.

이게 사제가 되기 위해서 공부를 하던 사람에게 전해진 조국의 첫 번째 소식이지요.

김대건은 김프란치스코에게 "부연사 길을 더 따라가지 말고 우리와 함께 몸을 피해서 신부영입 준비를 하자."고 합니다. 그러자 김프란치스코가 "그랬다가는 나도 앞으로 여기 못 다닌다. 그러니 나는 당신들 만난 것을 전혀 눈치채지 못하도록 베이징까지 갔다 와야 한다."고 말합니다. 그리고 "당신이 말하는 신부영입은 이 국경을 통해서는 불가능하니 포기하고 그냥 가야 한다."고 합니다.

그래서 김대건은 같이 있던 두 사람을 김프란치스코와 비밀리에 동행시켜 페레올 주교를 만나 한국교회 사정을 보고할 수 있도록 주선해놓습니다.

페레올 주교는 김대건이 보낸 김프란치스코로부터 조선교회 사정을 처음으로 알게 되지요. 페레올 주교는 비로소 자기가 보좌해야 될 앵베르 주교와 동료사제들이 순교했다는 사실을 알고 세계교회에 알립니다.

이로써 조선에 파견된 제2대 교구장과 동료신부들이 순교한 사실이 로마에 알려지고 다음 제3대 교구장이 임명됩니다.

통행증도 없이 대담무쌍하게

김대건 신학생은 조선교회의 사정을 세계교회에 알릴 수 있도록 주선해놓고 자신은 혼자서 국경탐사 작업을 시작합니다. 그것이 1차 국경탐사입니다. 기록을 보면, "12월 겨울에 의주 변문을 통과해서 입국하지만 위험을 느끼고 소팔가자로 퇴거했다."고 적혀 있습니다.

이 간단한 한 줄의 내용 속에 숨은 이야기가 눈물겹습니다. 자! 우선 봉황성 변문을 통과해서 조선국경을 통과할 수 있는 기회를 노립니다. 조심스럽게 접근하여 갈대밭에 몸을 숨기고 기회를 엿보고 있습니다.

날이 어두워질 무렵, 소를 몇 마리 끌고 오는 사람이 보입니다. 이때다 싶어 대담하게 그 소떼 사이로 들어가 그 사이에 숨어서 통과합니다. 기발하지요?

김대건은 변문을 통과하고 안심했습니다. 그런데 그 첫 관문이 문제가 아닙니다. 두 번째 관문이 또 있는데 그게 예삿일이 아닙니다.

두 번째 관문 군사들은 어설프게 안 지킵니다. 통과할 사람들을 한 줄로 세워두고 한 사람 한 사람 통행증을 보고 짐을 풀어 검사하고 내보내는데 혹 그때 행렬 속에 숨어나가는 사람이 있을까봐 높은 장대 위에 병사 하나가 올라앉아 밑을 내려다보며 지키고 있습니다.

이쯤 되니 대담무쌍한 김대건도 통과할 길이 없다는 것을 알고 기가 죽습니다. 점점 자기 차례가 다가오자 말로 다 할 수 없는 불안과 공포에 질립니다. 꼼짝없이 체포될 형편입니다. 막상 자신의 차례가 되었을 때 김대건은 그냥 군사들 앞을 유유히 걸어갔습니다.

그때 한 군사가 "여보시오, 여보시오!" 부릅니다. 김대건은 전혀 못 들은 척 하고 그냥 갑니다. 계속해서 "여보시오, 여보시오!" 부르지요. 김대건이 어쩔 수 없이 돌아서며 "나를 불렀소?" 합니다. "통행증 보여주시오!" 하자 그는 "금방 보고 무슨 소리요!" 하고는 당당하게 뒤 한번 안 보고 걸어갑니다. "못 봤으니 다시 봅시다!" 하면 꼼짝 못하는 것이지요.

그러나 김대건의 너무도 태연한 태도에 군사들이 오히려 어리둥절하여 분간을 못합니다. 김대건은 큰소리를 쳤지만 얼마나 조마조마했겠어요. 금방 뒷덜미를 잡힐 것 같은 불안을 감추고 태연히 걸어나와서는 얼른 산속 길로 숨어들어갔습니다.

때가 겨울입니다. 밤새 산길로 걸었기 때문에 어디가 어디인지 모릅니다. 한번도 와본 적 없는 곳에다 안내인도 없죠, 온 산천은 눈에 덮여 있죠, 소 뒤에 숨어들어 올 때부터 먹은 것이라곤 하나도 없이 한낮과 하룻밤을 걸었다 이 말입니다.

새벽녘에 겨우 주막을 찾아들었습니다. 지치고 허기져 요기를 하려 했으나 주막입구에 젊은이 몇이 서성거리고 있었습니다. 수상하다는 듯이 김대건의 행색을 살피더니 다가와서 "여보시오, 당신 첩자가 아니오? 어디 통행증 좀 봅시다." 하는 겁니다.

김대건은 더욱 침착하게 대답합니다. "당신네들은 누구요. 어찌 귀중한 통행증을 아무에게나 보여주겠소. 의심스러우면 관아에 알리시오. 나는 관아의 군관에게 통행증을 보이면 그만이오." 하고 자리를 잡고 앉았으나 밀고 당할 것 같은 불안 감으로 잠시도 더 머무를 수 없었습니다.

김대건은 화장실에 가는 것처럼 일어나 나와 주막과 그 젊은 이들을 피해 급히 산속 길로 뛰어들었습니다.

다시 산속 길로 들어선 그는 돌아오는 길을 찾지 못합니다. 어림잡아 산길을 헤매고 있는데 그 극한 상황 속에서 김대건 은 지극히 평화로워지며 잠이 오는 것을 느낍니다.

이게 아주 위험한 것이죠. 몹시 추워서 몸을 떨다가 순간적 으로 하나도 안 춥고 몸이 평안하게 풀리면서 잠이 스르르 오 거든요. 그때 그대로 죽어버리는 경우가 많지요.

김대건은 포근한 잠이 오니까 그대로 눈 속에 누워서 잠을 잡니다. 그냥 두면 틀림없이 죽는데, 누군가 그를 깨웁니다. 눈을 떠보니 눈 덮인 허허벌판에 사방은 컴컴하여 잘 보이지 않는데 한 부인이 손짓하여 자꾸 오라고 부르는 거예요. 그 부 인이 손짓해 이끄는 쪽으로 따라갑니다.

얼마가 지나고 어떻게 걸었는지 알 수도 없는데 문득 정신을 차려보니 국경탐사를 위해 출발했던 곳이었습니다.

이는 김대건 신부의 분명한 체험입니다. 그런데 김대건 신부 는 이렇게 회고합니다.

"나는 분명 이해할 수 없는 방법으로 나왔다. 그것은 흔히 기아와 추위로 의식을 잃은 사람들이 보았다고 말하는 '헛것'을 본 것이다. 그렇지만 나는 그 덕택에 살아남을 수 있었다."

보통 우리는 이런 일을 경험하면 바로 "성모님일 것이다!" 하며 기적이라고 기정사실화해 버립니다. 그런데 김대건의 속 마음이 어떻든지 간에 남들에게 표현하기는 자신의 소중한 목숨을 걸었다는 데 깊이 감사할 뿐 기적이니 뭐니 그 이상의 소리는 아예 없습니다. 우리도 어떤 영적 체험을 했을 때 너무 경망스럽게 하지 말아야 해요.

이제 김대건 신학생이 압록강 국경을 도저히 통과할 수 없다는 사실을 직접 확인했습니다.

장터 우물가의 강복

앵베르 주교와 동료 사제들이 모두 순교했다는 사실을 알게 된 페레올 주교는 조선이 그리스도의 십자가를 가장 가까이에서 질 수 있는 곳이라 생각하고 죽을 각오로 조선에 들어올 계획을 세웁니다.

조선교구 제3대 교구장이 된 페레올 주교는 압록강을 건너 입국하기가 어려움을 알고 김대건 신학생으로 하여금 두만강을 통해 입국할 수 있는 길을 탐사하라고 합니다.

당시 두만강 너머에 중국, 러시아, 조선국경을 접하고 있던 경원이라는 곳이 있었는데 일 년에 한 번씩 며칠간 시장이 섰습니다. 그동안은 통행증 없이도 국경을 넘을 수 있었습니다.
김대건은 이때를 틈타 입국하는 방법을 모색했습니다.

　김대건이 남긴 탐사기는 참으로 눈물겹습니다.
　"주교님의 강복을 받고 길을 떠난 후 우리가 겪은 고통이 얼
마나 심했는지 아무도 상상할 수 없을 것이다. 송화강을 따라
영고탑을 돌아가는데 끝없이 넓은 벌판에 눈이 쌓여 방향도
구별할 수 없고 한줄기 강은 얼어붙고 찬바람만 몰아쳤다. 작
은 언덕에 있는 이 삭막한 도시에 서면 지평선 끝에 아득히 장
백산이 보이는데, 이것이 중국과 조선을 가로막는 장벽이다."
　목단강을 타고 경원에 이르는, 가도 가도 끝이 없는 눈 덮인 허
허벌판을 추위와 굶주림 속에서 걸으며 그는 절절히 느낍니다.
　"우리는 결국 세상에서는 끝없이 떠도는 나그네이다. 우리
의 영원한 본향이 결코 이 세상에 있지 않다는 것을 일찍이 책
에서 읽었지만 이렇게 절절히 느껴본 적은 없다."

　경원에 도착해서 때를 기다리니 드디어 장이 열리는 날이 되
었습니다. 조선교우들과는 서로 모르니까 경원시장에서 담배
파는 사람처럼 허리띠에 담배를 넣어서 매고, 흰 손수건을 왼
손에 드는 것으로 서로를 알아보기로 약속했습니다.

김대건은 약속대로 담배 허리띠를 매고, 흰 손수건을 들고, 경원시장을 돌아보았습니다. 그런데 몇 차례 시장을 돌았는데도 인사하는 사람이 없는 거예요.

시장에 사람이 많다 해도 장사하는 사람들은 종일토록 앉아 있는데, 시장 볼일은 안 보고 계속 돌아다니기만 하는 사람이 있으면 눈에 띄지 않겠어요? "저 사람 또 지나간다. 저 사람은 무엇하러 온 사람일까?" 하는 소리가 들리는 것 같아 더 서성일 수도 없지요.

만약 조선밀사가 오는 길에 사고라도 생겼다면 이 긴 여행과 탐사는 헛일이 될 것 같아 속이 탑니다. 눈 덮인 산야를 넘어 여기까지 어떻게 왔는데….

저녁 무렵 속이 탄 김대건은 목이 말라 우물가에서 물을 마십니다. 그때 누가 등을 툭툭 칩니다. 순간 긴장합니다. 누굴까? 혹시 의심을 받아 고발된 것인가, 어떻게 대처할까? 생각하며 천천히 돌아서는데 약속된 표시를 하고 있는 사람들이 서 있습니다.

"내가 얼마나 찾았는데요." 그러니까 그 사람들도 "말 마시오. 우리는 아침부터 얼마나 찾았는데요." 하는 겁니다. 서로 돌아다니느라 엇갈려 못 만난 거지요.

이 사람들도 포기하고 돌아가려다가 한 사람이 "한 번만 더 보고 가자." 그래서 마지막 한 번 더 왔다가 김대건을 우물가에서 발견한 것입니다.

서로 반가워하며 얘기를 주고받는 동안 어느새 사람들이 빙 둘러서 구경을 합니다. 그러니 얘기를 더 못하고 의심받지 않도록 김대건이 갑자기 소 사는 흥정을 시작합니다. 조선밀사도 얼른 알아 듣고 "50냥에는 못 파오." 하며 소장사가 됩니다. 흥정이 계속되자 구경꾼이 사라집니다.

교회에 관계되는 비밀 얘기를 마치고 김대건은 주변의 의심을 살까봐 안타깝지만 바로 헤어집니다. 인사를 나누고 돌아서 오는데 그 사람들이 다시 달려오는 거예요.

무슨 사고가 났는가 싶어 깜짝 놀라 돌아보니 그들이 뛰어와서는 손을 잡고 강복을 청하며 눈물을 흘립니다. 이 길로 가면 다시 만날 기약이 없으니 가슴에 새길 가르침을 달라고 청합니다. 김대건이 미어지는 가슴으로 그들을 강복해주고 헤어집니다.

그런데 그들이 또다시 달려와 "조금만 더 얘기하고 갑시다. 하느님에 관한 얘기를 한마디만 더 들려주십시오." 하는 것입니다.

김대건은 이를 거절합니다. "그렇게 연연해하다가는 의심을 사서 모두 죽습니다. 우리의 이 깊은 사정, 우리 가슴에 맺힌 이 한을 풀 날이 있을 테니 그냥 돌아가십시오." 하고 냉엄하게 이릅니다. 그렇게 그들을 돌려보내면서 조국을 지켜주는 수호천사에게, 한국순교자들에게 기도하지요.

김대건은 교우들로부터 상당히 많은 소식과 자료를 얻어 페레올 주교에게 돌아옵니다. 두 번째 국경탐사를 마친 셈이지요. 드디어 김대건은 1844년 12월 25일 만주 소팔가자성당에서 부제서품을 받습니다.

식량도, 돛도 바다에 던지고
부제 김대건

김대건은 부제서품을 받은 후, 페레올 주교 영입을 준비하라
는 사명을 받습니다.

"국경을 통과할 방법을 찾던가 아니면 해로를 개척하라."

다른 사람들과 함께 국경을 넘는 것이 도저히 불가능하다는
것을 확인한 김대건 부제는 1845년 1월에 혼자서 국경선을 넘
어 조선에 다시 들어옵니다.

기해박해로 샤스탕 신부와 모방 신부, 앵베르 주교 세 분 성
직자가 순교할 때 하나같이 "국경을 넘어왔다, 변문을 통과했

다."고 대답했기 때문에 조선관청에서는 변문을 지키는데 관계했던 관리들을 엄히 문책하고 군대를 더 보내어 국경경비를 더욱 강화했습니다.

김대건 신부의 아버지도 최양업 신부의 아버지 최경환도 기해박해 때 순교하셨잖아요. 그때 그분들의 아들이 외국에 공부하러 갔다고 밝혀졌기 때문에 이들이 국내에 들어오면 잡으려고 철통같이 지키고 있는 판입니다.

교우들은 그런 사정도 모르고 잠입해 들어온 김대건 부제를 반기며 너무나 기쁨에 들뜹니다. 김대건은 이를 경계합니다.

"누가 이들의 기쁨을 말릴 수 있나. 그렇지만 그들의 기쁨 뒤에서 내 간은 다 탄다." 이게 지도자의 고독입니다.

교우들은 김대건 부제의 어머니를 찾아 모시려고 합니다. 그때 김대건 부제는 "저는 어머니를 찾아 모시려고 온 것이 아닙니다." 하고 단호히 거절합니다. 그의 어머니가 떠돌아다니며 거지 신세가 되었다는 소식을 들었으면서도 말입니다.

그분은 지극한 효성을 가졌지만 이렇게 공과 사를 분별하여 오로지 황해도 해안선 파악에만 집중합니다. 사제를 영입할 해로를 개척하기 위해서였습니다.

이제 황해도에서 배를 타고 상하이上海로 가야 하는데 배를 구하고 지리를 익히는 일이 참으로 어렵습니다. 그 어려운 형편에서 구한 배가 결코 거창할 수 없습니다. 길이가 27자, 폭은 3m 20cm, 깊이는 2m가 넘을 정도였다고 합니다. 이런 작은 배로는 낚시로 고기 잡을 때나, 근해 밖에 못 갑니다. 이 배로 중국에 건너갈 작정을 하고 있는 것을 아무도 모릅니다.

김대건은 사공 두 사람과 배가 부서지면 고쳐야 하니까 목수 한 사람을 구하고 교우 열한 명과 함께 떠납니다. 배가 너무 작아서 필요한 물건들은 뗏목從船에 따로 싣고 이 작은 배에 달아 출발합니다.

배에 앉아있던 사람들은 바다를 보고 놀라 서로 쳐다보면서 "이 배로 어디까지 가야 됩니까?" 하고 묻지요. 그러나 아무도 김대건 부제에게 직접 묻지 못합니다. 김대건 부제는 자신의 계획과 목적에 대하여 아무런 질문도 하지 말라고 미리 말해 두었던 것입니다.

첫째 날 하루는 바다가 잔잔해서 모두들 "하느님께서 안배하시니 암~ 그렇고 말고." 하며 기분 좋게 갔지요. 그런데 며칠되지 않아 폭풍이 몰아치는데 정신이 없습니다. 주야로 3일을 겪었는데 사공들도 녹아 떨어집니다. 사공이 녹아 떨어졌을 때, 배를 처음 타보는 교우들은 어땠겠어요.

이때 배가 몹시 흔들리자 김대건은 뒤에 달린 뗏목을 끊어버리게 하고 식량마저 바다에 던져버립니다. 이제 먹을 것도 없습니다. 아무것도 먹지 못한 교우들은 극도로 지치고 쇠약해져 "이젠 그만이야. 이젠 죽었어." 하며 슬픔에 잠겨 웁니다.

김대건은 그때 성모님의 상본을 보이며 "무서워하지 마시오, 성모님이 우리 곁에 계셔서 구원해주십니다." 하고 위로하며 용기를 북돋워줍니다. 그리고 자신도 병이 들고 무서웠지만 두려움을 숨기고 예비신자였던 도사공대장사공에게 세례를 줍니다.

성난 파도에 키마저 부러지자 김대건은 돛들을 한데 묶어 바다에 던집니다. 이제는 방향도 잡을 수 없는 다 부서진 배가 기진맥진한 사람들을 싣고 마음대로 흘러갑니다. 오직 동정 마리아만을 희망으로 삼고 기도를 드립니다.

천신만고 끝에 그들 일행은 중국 우송吳淞에 도착합니다. 이때 김대건은 뛰어난 기지로 때마침 우송에 도착해있던 영국배들 사이에 영국인 장교의 도움을 받아 닻을 내립니다. 그리고 이틀 후, 마카오에서 만난 적이 있는 예수회의 고틀랑 신부를 만납니다.

"모두 고백하겠습니다"

중국 우숭만吳淞灣에 나타난 김대건 일행의 낯선 옷차림과 타고 온 배의 이상한 생김새는 그 지방사람들과 관원들에게 비상한 구경거리가 됩니다. 그러나 김대건 부제가 그곳에 정박해 있던 영국배들 사이에 닻을 내리는 기지를 발휘하여 위험에서 벗어날 수 있었습니다.

김대건의 보호요청에 각별한 관심으로 도와주던 고틀랑 신부가 그 작은 배 안에서 어쩌지도 못하고 있는 조선인 교우들을 만나러 옵니다. 아무것도 먹지 못하고 풍랑을 헤치고 온 교우들의 기진한 모습을 보고 고틀랑 신부는 여러 가지 긴급한 도움을 주고 음식을 챙겨와 권합니다.

하지만 순교자들의 가족인 이들은 먹는 것보다 한시라도 빨리 고해성사를 보고 미사 드리기를 원합니다. 그들은 앵베르 주교와 모방 신부, 샤스탕 신부가 1839년에 순교하고 나서 6, 7년이 지나도록 신부를 만날 수 없었기에 고해성사를 너무도 간절히 하고 싶어합니다.

김대건 부제는 고틀랑 신부와 미사를 드릴 수 있도록 우선 배를 정돈합니다. 그리고 먼저 고해성사를 봅니다. 이제 우리 교우들이 고해성사를 보려고 하는데 신부가 프랑스 분이니 말이 서로 안 통하잖아요. 그러니 김대건 부제가 고틀랑 신부 옆에 앉아 신자들이 고백한 내용을 통역해서 알려줘야 합니다.

자기의 부끄러운 죄를 사제가 아닌 다른 사람이 듣고 전해야 하는 경우 죄를 상세히 다 말할 필요가 없다는 교회규정이 있습니다. 그래서 김대건 부제가 교우들한테 그 규정을 분명히 알려주면서 "당신네들이 죄를 다 고백하지 않아도 됩니다." 라고 설명을 해줍니다.

그러나 교우들은 한결같이 "모두 고백하겠습니다." 하고는 열이면 열 사람 다 그 부끄러운 죄를 조금도 숨김없이 고백하고 김대건 부제는 이를 통역합니다. 그 때문에 날이 저물도록 고해성사를 보고 예정시간을 훨씬 넘겨 미사를 봉헌합니다.

고해성사를 본 조선 교우들이 눈물을 흘리며 성체를 영하던 모습을 고틀랑 신부는 그가 쓴 서간에서 잊을 수 없는 감격으로 전하고 있습니다.

"나는 우상숭배자로 가득 찬 대도시 근처의 아주 조그만 배 위에서, 그렇게도 오랫동안 드리지 못한 미사를 드리는 기쁨을 감추지 못하는 몇몇 교우에 둘러싸여 거룩한 제사를 드렸습니다. 거의 모두가 순교자의 아버지요, 아들이요, 친척인 이 열두 명의 교우들로부터 내가 얼마나 위로를 받았는지 모릅니다."라고 회고하고 있습니다.

한국인 최초의 사제 탄생

며칠 후 그곳에 조선교구 3대 교구장 페레올 주교가 최근 프랑스에서 온 또 다른 신부 한 명을 데리고 도착하자 우리 교우들의 기쁨은 말할 수 없습니다.

김대건 부제는 1845년 8월 17일 주일, 상해에서 30리 거리의 교우촌에 있는 금가항金家港성당에서 페레올 주교로부터 사제서품을 받고 최초의 한국인 사제가 됩니다. 이 서품식에는 중국인 신부 1명, 서양인 신부 4명, 그리고 수많은 신자들이 참석하였으며, 새 사제의 첫 미사는 8월 24일 횡당橫堂성당에서 다블뤼 신부의 보좌를 받으며 봉헌되었습니다.

새 사제가 된 김대건은 2주 뒤에 페레올 주교와 다블뤼 신부를 그 작은 배에 모시고 조국으로 돌아올 계획을 세웁니다. 생각해보면 너무도 어이가 없죠.

이미 돛대도 삿대도 없이 망가진 배를 또 고칩니다. 길이 7.5m, 넓이 2.7m, 깊이가 2.1m인 배. 널판을 나무못으로 이어놓고 돛대 2개에는 잘 꿰매지지도 않은 가마니 두 폭을 돛으로 달아 놓았습니다.

페레올 주교는 항해하는 것 자체가 위험천만일 이 배에 '라파엘 호'라고 이름을 지어줍니다. 라파엘은 구약 토빗기에 나오는 대천사로 여행자의 주보입니다.

김대건 신부와 조선인 신자들은 주교와 신부를 모시고 간다는 영광과 기쁨에 찬 한편, 이 귀한 분들이 조선 땅에서 당하게 될 고통과 어쩌면 순교할지도 모른다는 인간적인 고뇌 때문에 착잡한 심경으로 그분들을 모십니다.

그들은 이제 진저리 치며 죽을 고비를 넘겼던 그 바다로 다시 항해를 해야 합니다. 누가 이들의 심경을 만분의 일이라도 헤아릴 수 있겠습니까. 이들의 이 같은 헌신과 봉헌의 은덕으로 오늘 내가 신앙생활을 하고 있다는 은혜를 결코 잊어서는 안될 것입니다.

그들은 가슴 조이며 페레올 주교와 다블뤼 신부를 중국관헌의 눈을 피해 몰래 배에 태우고, 요동으로 가는 신자배의 견인을 받아 바다로 나가려고 하는데 맞바람과 파도로 세 번이나 실패하고 난 후에야 겨우 중국배에 밧줄로 묶어 바다로 나갈 수 있었습니다.

그러나 오래지 않아 거센 바람과 어마어마한 파도가 배를 금방이라도 삼킬 듯이 닥쳐왔습니다. 하룻밤 하루낮을 견디어냈으나 둘째 날 밤에 키가 부러져 나가고 돛이 찢어집니다. 그 작은 배는 파도칠 때마다 물을 뒤집어쓰고 한 사람은 끊임없이 선창의 물을 퍼내야 했습니다.

새벽녘에 갑판 한쪽이 무너져 내렸는데 그 자리에 있던 주교와 신부가 금방 자리를 옮긴 뒤여서 죽음을 면했지요. 그들은 그 난파선 속에서도 하느님의 손길을 절절히 느낍니다.

김대건 신부는 파도를 견디지 못하는 돛대를 찍어 넘기고 주교와 다블뤼 신부의 목숨만이라도 구해야겠다는 생각에 중국배로 옮겨 태우려 하지만 도와주려는 중국배도 파도 때문에 가까이 올 수가 없고 그들이 애타게 던져주는 밧줄도 번번이 놓치고 맙니다.

돛대도 삿대도 없이 파도에 따라 흘러가며 오직 주님 은총에 의지하여 그 불안과 공포와 고통을 견디며 표류하다가 천신만고 끝에 우리 국토의 남단 제주도에 도착합니다.

지치고 지친 일행이 겨우 목숨을 건지기는 했지만 다시 항해를 해야 하지요. 그런데 하느님의 섭리는 참으로 오묘하십니다. 이 난파선이 도착한 곳이 제주도에 한 곳밖에 없던 배를 수리할 수 있는 곳이었습니다.

그리고 뒤에 안 일이지만 그때 조선 남해에 영국배가 나타나 해안경비가 엄격했습니다. 만약 배가 표류하지 않고 예정대로 한강 어구에 도착했더라면 해안경비에 발각되어 속절없이 모두 헛된 죽음을 당할 뻔했던 것입니다.

한번도 가본 적 없는 남해의 섬과 해안선을 따라 항해하여 금강 하구 황산포^현 강경의 나바위에 상륙한 것이 1845년 10월 12일입니다. 상해를 출발한 때가 8월 31일이니까 이 죽음의 여정이 어땠을지 상상해보시기 바랍니다.

김대건 신부의 소탐대실

나바위에 도착한 김대건 신부는 페레올 주교와 다블뤼 신부를 모시고 비밀리에 연락하여 교우촌으로 올라옵니다. 열의 속에서 주교와 함께 사목은 시작되었고, 이제 중국에 있던 최양업 신부와 메스트르 신부를 모셔오려 합니다.

그러나 두 차례 여행체험을 통해 좀 더 안전한 방법을 찾으려 합니다. 연평도에 조기 잡으러 오는 중국배를 이용해서 중국에 계시는 사제들을 연평도까지 모셔오고 조선배가 거기서 기다리다가 모셔오는 방법이 안전할 것 같았습니다.

그러나 사제들을 중국배로 연평도까지 모셔오더라도 다시

조선배로 모셔오려면 해안에 있는 감시병의 눈을 피해야 하니 그 또한 보통 일이 아닙니다.

그러나 대담무쌍한 김대건 신부는 임승룡의 배를 빌려서 고기잡이 배로 위장합니다. 그리고 교우들과 함께 조기를 잡으면서 백령도까지 가서 어렵사리 중국배를 만나 두 신부의 조선입국방법이 적힌 편지를 전달합니다.

그런데 그날 기막히게 좋은 조기가 무진장으로 잡히는 겁니다. 산속에서 매일 굶고 있는 교우들이 떠올라 차마 조기떼를 내버리고 올 수가 없는 거지요. 교우들이 "신부님, 이거 반나절만 더 있으면 마르니까 말려서 가지고 갑시다." 청하지요.

이게 소탐대실이 됩니다. 꿩 먹고 알 먹고, 일거양득도 좋지만 목숨을 걸고 하는 일인데 주 임무에만 충실해야지, 하잘것없는 부임무까지 붙여서 하려고 해서는 안되는 것이지요.

잡은 조기가 아까워 시간을 지체하는 바람에 그 근처를 순찰하던 포졸한테 잡히게 됩니다. 포졸이 "이 배 임자가 누구요?" 하고 묻습니다. 배에 있던 사람들은 김대건 신부를 신부라 하지 않고, 양반을 모시고 온 것처럼 하죠.

그러니 김대건 신부가 "나요." 이렇게 답합니다. 그러자 "이 배를 좀 빌려달라. 지금 중국배가 국경을 위반하고 여기까지 와서 조기를 잡고 있으니 돌려보내고 오겠다."고 합니다.

당시 조선법에 양반의 배는 관청에서도 못 빌렸습니다. 상놈 배만 빌려 쓰지요. 김대건 신부는 여러 가지로 생각하다가 "내가 양반인데 그 배 못 빌려준다."고 합니다. 귀찮게 시간을 끌지 않으려 한 거지요. 그런데 이것이 두 번째 실수가 됩니다.

중국배가 남의 해안선을 넘어와 조기를 잡아가니 돌려보내야 되겠는데 양반이라고 배를 안 빌려주니까 포졸들도 나름의 애국심이 있을 것 아닙니까.

화가 나서 김대건 신부는 못 건드리고 따라왔던 수행원을 괴롭힙니다. "이 근방에서 보지 못하던 양반인데 어디 사는 양반이요." 하고 따지자 사공이 견디지 못하고 사실을 밝혀 신부와 일행이 모두 체포당하게 됩니다.

김대건 신부는 잡혀가자 구차하게 신분을 숨기려 하지 않고 "내가 중국에 가서 공부하고 온 신부다."라고 합니다. 관청에서는 "아이고, 그런 사람 있다고 소문만 들었더니 바로 이 사람이구나." 하며 서울에 즉시 연락합니다.

그리고 중국배에 가서 김대건 신부가 전했던 편지마저 내놓으라고 하지요. 중국사람 입장에서는 잡아놓은 조기도 빼앗길

지 모를 판에 조기는 달라 안하고 편지를 달라고 하니까 얼른 내놓을 수밖에요. 결국, 페레올 주교가 보내는 편지, 다른 신부가 쓴 라틴어 편지, 연락문 등을 몽땅 증거물로 압수당하고 바로 서울로 압송됩니다.

김대건 신부는 압송되어 심문당하는데 조금도 주저하지 않고 사실대로 다 대답합니다. 그런데 조정에서 압수한 증거물 중에 서양말로 적힌 편지글이 있는데 꼬부랑 꼬부랑 내용은 알 수 없지만 필체가 다르거든요. 페레올 주교의 필체하고 신부의 필체가 다를 것 아닙니까?

"이것은 누가 쓰고 이것은 누가 썼느냐?"고 묻습니다. "둘 다 내가 썼소." 하니까 "거짓말하지 마라. 필체가 다르지 않느냐, 써봐라." 그럽니다.

김대건 신부는 그때 철필을 달라고 합니다. 붓밖에 없는 나라에 철필이 어디 있겠어요? 철필 대신 깃펜을 주죠. 김대건 신부는 그것을 가늘게 잘라 가는 글씨를, 두껍게 잘라 두꺼운 글씨를 쓰고는 "봐라, 이렇게 필체가 다르지 않느냐." 합니다. 보니 잘 모르겠거든요. 그래서 무사히 넘어갑니다.

옥중에서 김대건 신부는 여러 차례 외국문물, 특히 프랑스에 대해 올바르게 알려주고 두 차례나 세계지도를 그려 올리기도 합니다. 그의 뛰어난 재주를 조정에서 아까워합니다.

그때 세실 제독이 프랑스군함을 이끌고 충청도 홍주 해안선에 나타나 앵베르 주교, 샤스탕 신부, 모방 신부가 돌아가신 것을 책잡아 한국과 프랑스의 통상조약을 요구합니다.

조정에서는 영문을 알 수 없으니 외국어를 잘하는 김대건 신부를 접빈사로 하여 문제를 해결해보려 합니다. 그런데 프랑스군함은 대답을 요청하는 글만 남겨두고 즉시 떠나고 맙니다. 조정에서는 오히려 비밀리에 내통할까 두려워 김대건 신부를 즉시 사형해야 한다는 쪽으로 의견이 기울어집니다.

성삼문과 김대건 그 죽음의 순간

김대건 신부의 순교를 생각해보며 순교의 참뜻을 알아봅시다. 순교는 하느님의 계시 진리를 증거하려다 죽는 경우이므로 한 개인의 소신에 따라 죽는 열사나 충신의 순국과는 그 가치가 무한히 멀고 아득합니다. 순교자의 가슴은 우국충절로 죽는 순국자의 가슴과 근본적으로 다르지요.

무리한 얘기 같고 조금 죄송한 얘기지만 우리 역사를 놓고 한번 직접 비교해 봅시다.

아마 우리 역사에 성삼문만큼 맑은 충절을 가진 이도 없을 겁니다. 성삼문은 백이숙제가 부끄러워할 만큼 대단한 충절을 지녔고, 세조가 녹으로 준 쌀을 한 톨도 손대지 않은 분입니다. 세조가 그토록 위협하고 회유했지만 조금도 굽히지 않았죠. 그 충절 때문에 조선왕조에 의해 목숨을 잃게 되는 곳이 새남터입니다.

나는 성삼문, 김대건 신부 두 분 다 존경합니다. 두 분이 우리 역사에 남겨놓은 업적과 위대성은 조금도 퇴색됨 없이 앞으로도 더욱 빛날 것입니다.

차이점이 있다면 김대건 신부는 신앙 때문에 순교하신 분이고, 성삼문은 충절을 지켜서 순국하신 분이지요. 이 두 분의 깊은 내면, 즉 두 사람의 죽음에 임한 그 순간의 깊은 내면을 한번 비교해 보자 이 말입니다.

사형을 집행하는 광경을 한번 생각해 봅시다. 입회한 당상관이 결안문 즉, 무엇 때문에 죽인다는 죄복을 전부 읽습니다. 그리고는 그 죄수를 군중 앞에 한 바퀴 돌려서 모욕을 준 다음 형장으로 끌고 나와 참수형을 집행합니다.

그때 처음에는 천천히 울리던 북소리가 점점 더 급하게 울립니다. 마침내 죄수의 얼굴에 물을 뿌리고 회칠을 하고 양쪽 귀에 화살촉을 거꾸로 꽂고 웃옷을 벗깁니다.

빠른 북소리에 맞춰서 희광이들이 칼춤을 추듯 돌아가면서 한 번씩 목을 칩니다. 보통은 그 첫 칼질에 견딜 수 없어 몸부림치지요. 김대건 신부는 여덟 번째 칼날에 목이 떨어질 때까지 자세가 흐트러지지 않았다고 전해집니다.

성삼문, 그분 또한 대단하지요. 새남터에 도착하자 아무것도 모르는 듯 사람들은 그를 구경하고, 저녁하늘에 북소리가 점점 크게 울려 퍼지지요. 성삼문이 옥중에서 자신의 충절을 피력한 점에 우리는 놀라고 숙연해집니다.

한 인간으로서 목숨이 떨어질 때 그 자신이 느꼈던 마지막 내적 심정이 어땠는지 우리는 알 길이 없지요. 그런데 그 형장에서 그가 남겼다고 전해지는 마지막 시 귀가 한 구절 있습니다. 성삼문의 '임사부절명시'라고 하지요.

"격고최인명擊鼓催人命하니 회수일욕사回首日欲斜라
황천무일점黃泉無一店하니 금야숙수가今夜宿誰家라.
둥둥둥 북소리 사람의 목숨을 재촉하고
고개 돌려 보니 해가 서산으로 저무는구나.
황천 가는 곳 주막 하나 없다는데
오늘 밤 나는 어디서 머물꼬."

이 절명시가 우리에게 전해주는 느낌이 어떻습니까. 한마디로 '허무'지요. 저무는 황혼에 생을 마감하면서 느끼는 허무를 감당할 길 없어 하는 성삼문을 우리는 분명히 느낍니다.

바로 그 자리에서 똑같이 조선에 의해 죽음 당하셨던 김대건 신부의 모습을 봅시다. 김대건 신부는 새남터 북소리를 들으며 죽음의 마지막 칼날을 받기 직전에 모였던 사람들에게 일장 훈화를 합니다.

"나는 지금까지 주님을 위해 일해 왔다. 이제는 이 목숨을 마치려 한다. 바야흐로 나를 위한 새 삶이 시작된다."

모여있던 사람들이 무슨 소리인지 못 알아듣지요. 그는 이렇게 호소합니다.

"여러분도 나처럼 죽지 않는 영원한 생명을 얻으려면 하느님을 믿으시오. 천주교를 믿으시오. 믿고 봉헌하시오."

그것은 부활신앙에서 오는 삶과 죽음의 가치관이었습니다. 그 때문에 김대건 신부는 지극히 평온하고 너그러운 마음으로, 오히려 긴장하고 있는 희광이들을 바라보면서 "내 자세가 어떠냐, 어떻게 바로 잡아주면 너희들이 칼질하기가 편하겠느냐."고 묻습니다.

"내 자세를 바로 해주게." 하고 부탁하자 칼 휘두를 사람이 오히려 떨며 자세를 고쳐주니까 "됐소, 내 준비는 끝났으니 일 시작하시오."라고 합니다.

그러니까 이 생명의 마지막 순간에 중요한 차이가 있습니다. 하나는 '허무'고 하나는 '새 출발'이지요. 하나는 자기의 소신을 위해서 죽지만 그 개인적 소신이 준 것은 결국 인간의 한계인 허무고, 하느님의 계시 진리는 인간의 지성으로는 이해할 수 없는 초월적 새 생명 속으로 들어가는 출발이라는 점이 확연히 다르다는 것입니다.

결론적으로 이러한 가치는 설명만으로 될 일이 아니고, 그리스도교 신자의 삶 안에 실제로 실현되어야 합니다. 우리의 삶으로 그것을 행하지 않으면 다른 모든 천주교 교리가 그렇듯이 이해할 수 없습니다.

여기서 순교의 깊은 참 의미를 바라보아야 합니다. 죽음이 생명의 출발이라고 말한 김대건의 그 신앙이 과연 옳은가 하고 회의를 가질 수 있을런지 모릅니다.

그러나 김대건 신부의 마지막 옥중 모습을 보면, 그러한 회의조차 불필요한 것임을 분명하게 느끼게 됩니다. 스물여섯 살밖에 안된 인생의 햇병아리가 어디 장년이 넘은 신자들 앞에서 "교우들아, 들어라!" 한단 말인가요. 그분이 그런 예의를 몰라서가 아니라, 하느님의 진리를 전하는 사명과 긍지 때문에 그렇게 말한 것입니다.

바로 그렇게 말할 수 있는 용기와 당당함, 그리고 태연함은 황해의 험한 파도 속에서, 세상 위험의 극치에서 분명히 나타났지요. 그게 다 우연이 아니다 이 말이지요.

그런 정도의 신중함과 과단성이 있었기 때문에 그가 공부를 마치고 조국 땅에 발을 디뎠을 때 할아버지와 아버지가 돌아가셨고, 어머니마저 의지할 곳 없는 거지가 되어 헤맨다는 슬픈 소식을 듣고도 자신의 인생을 후회하지 않았던 것입니다. 사제로서 자기의 소명을 수행하기 위해서 그 기막힌 순간에도 가족을 만나는 기회를 양보했던 것이죠.

그는 죽음에 임해서도 교우들에게 "그대들은 들으라. 이 환란과 고난도 수의 허락 없이는 있지 않으니 이 환란의 의미를 생각해서라도 삼가고 조심하는 마음으로 주의 계명을 지켜라!" 하고 사제로서의 마지막 임무를 다하고자 합니다.

그러나 그렇게 독하게 어머니마저 만나기를 거절하던 김대건 신부가 죽음의 마지막 순간에 페레올 주교에게 남긴 편지 속에는 의연한 신앙인이면서 또한 지극한 효성을 가진 아들이었다는 인간의 따뜻한 정을 분명히 느끼게 하는 대목이 나옵니다.

"주교님, 우리 어머니를 주교님께 부탁드립니다. 일찍이 어린 자식을 이국만리에 보내고, 믿음 때문에 지아비를 잃고, 의지할 곳 없어 거리를 헤매는 거지가 되었다 하나이다. 그 어머니를 주교님께 부탁드리고 저는 편안히 갑니다."

그리고 마지막으로 교우들에게 "나는 간다. 이제 환란도 고통도 박해도 없는 하느님의 그 기쁜 나라에서 다시 만나자."고 합니다. 인간으로서의 연이 다 끝나는 임종의 순간에 "다시 만나자!"는 그 기막힌 호소를 할 수 있었던 것이죠. 이게 증거자의 모습입니다.

우리의 삶이 바로 이러해야 합니다. 정말로 신앙이 있는 사람이라면 역경이 있을 때나 슬픔이 있을 때나 신앙 때문에 기쁨과 평화가 있고, 신앙이 아니면 도저히 맛볼 수 없는 아름다움과 위로를 느낄 줄 알아야 합니다. 무엇보다도 그 신앙이 나의 삶에 기쁨이 되고 원동력이 되어야 의미가 있습니다.

김대건 신부의 장엄한 순교소식에 "내가 그를 얼마나 사랑했는지 아는가. 자식이라도 그만큼 사랑할 수는 없다. 그의 죽음에 대한 슬픔은 그 어떤 것으로도 대신할 수 없다. 그는 참으로 훌륭한 목자가 될 수 있었다."고 페레올 주교가 적어놓은 일기의 구구절절함과 프랑스 선교사들의 순교소식은 프랑스 외방전교회 동료 사제들을 새로운 열의로 불타게 합니다.

왜 김대건인가?

김대건 신부는 1821년 충청남도 당진군에서 태어났습니다. 그의 아버지 김제준은 1839년 기해박해 때 순교하셨고 그 할 아버지 김진후는 1814년 지역박해 때 긴 옥고를 치르시다가 일흔여섯 살의 고령으로 옥중에서 순교하셨습니다.

김대건 신부는 만 열다섯 살이 채 못된 어린 나이에 최양업, 최방제와 함께 유방제 신부를 따라 유학 길에 오릅니다. 최방제 는 홍주 출신 최인호의 아들로 유학 중 풍토병으로 고생하다가 이국땅에서 돌아가셔서 늘 안타까움으로 기억되는 분이죠.

불과 열다섯 살, 어쩌면 집안에서 철부지로 어리광부릴 나이입니다. 그 어린 것들을 이국만리로 공부시키러 보낸다고 할 때 그 부모나 자녀나 아무리 비장한 마음이었다 할지라도 인간적인 서러움이 있고 또 그 인간적인 서러움 너머에 흐르는 어떤 결단이 있었겠는데, 당시 책에는 어떤 형용사도 붙이지 않고 아주 담백하고 솔직하게 몇 마디 적혀 있을 뿐입니다.

　김대건 신부의 모습을 본 사람들이 한결같이 김대건 신부의 재능과 어려움에 대처하는 뛰어난 능력, 그리고 담대하면서도 침착한 모습을 칭찬하는 것으로 봐서 이분의 인품이 뛰어났다는 것을 알 수 있습니다.

　사실 김대건 신부는 다른 소년들이 신학생으로 결정된 뒤에 좀 늦게 결정이 납니다. 나이도 어리고 몸도 약해서 보나마나 공부할 수 없을 거라고 걱정을 한 거죠.

　그랬는데 걱정 안했던 분은 풍토병으로 돌아가시고 걱정했던 분은 끄떡없이 공부를 해내시요. 라틴어와 불어 등 외국어도 능통해서 대단히 실력있는 분으로 인정받습니다.

　'우리나라에서 서양학문을 정규학교에서 체계적으로 배운 최초의 분이다.' 하는 점에서 김대건 신부는 순교성인일 뿐만 아니라 문화사적 측면에서도 역사에 길이 남을 사람입니다.

　또 김대건 신부는 어린 나이에 부모에 대한 효성이 지극했고, 작은 일도 마음에 깊이 새겨두는 정 깊은 분이었다고 합니다. 그런데 이분의 생애 전체를 통해서나 또 옥중서간 속 어디에도 그렇게 정이 깊은 분으로 퍼뜩 느껴지지는 않습니다.

예컨대 "교우들아! 보아라. 너희들이 겪는 이 혼란과 고통도 주의 허락 없이는 있지 않을지니 삼가고 조심하는 마음으로 주의 계명을 지킬지어다." 아주 경륜이 쌓인 노련한 목자가 교우들을 마치 양떼로 보고 했던 그런 말투입니다. 예순의 노인들도 계신데 스물여섯 살밖에 안된 신부가 말이지요.

어떻게 보면 상당히 건방집니다. 그렇지요? 그러나 우리가 이 옥중서한에서 전혀 그런 것을 느낄 수 없는 것은 그만큼 그분의 생각이나 목자로서의 자질이 깊다 이 말이지요.

김대건을 아는 서양의 모든 신부, 특히 그를 직접 지휘했던 페레올 주교는 "김대건 신부가 만약 살아있었다면 더 할 수 없는 위대한 목자가 될 수 있었다."고 거듭 칭찬하지요.

김대건 신부가 돌아가셨을 때 페레올 주교는 친구 신부에게 "김대건 신부의 순교소식을 듣고 나의 애통함이 어떤 비유에도 해당되지 않을 만큼 깊다는 것을 당신이 짐작이나 하겠습니까." 하고 편지를 쓸 정도였습니다.

대개 우리나라에 오셨던 서양신부들은 목숨을 내놓을 정도의 용기와 배짱, 대담함이 있었습니다. 모방 신부 같은 분은 박해령이 내려진 베이징 시내에 당나귀를 타고 입성을 해서 모든 사람을 깜짝 놀라게 했잖아요. 또 무모하게도 배삯이 없는데 막무가내로 마닐라까지 가셨던 브뤼기에르 신부….

그랬던 그분들도 김대건 신부에 대해서 이구동성으로 칭찬합니다. 그렇게 간이 컸던 프랑스 신부들도 못 따라갈 정도로 대담무쌍했고, 무슨 일을 맡겨도 믿을 수 있었다고 했습니다.

서양신부들이 그 다음으로 이분에 대해 공통되게 칭찬하고 있는 것은, 20대 초반 그 젊은 나이에 목자로서 갖출 모든 영적, 영성적, 지적능력과 사고력, 판단력을 완전히 갖추었다는 겁니다.

사제도 인간인데 나이에 따라서 경륜이 쌓이고 완숙한 경지로 들어가는 것이 자연스러운 현상이죠. 그러나 우리나라 최초의 목자 김대건 신부는 그를 만난 모든 사제들에게 그것도 특별한 용기와 인내력을 가지고 사목하시던 사제들의 가슴에 지울 수 없는 인상을 남길 정도로 훌륭하셨던 모양입니다.

김대건 신부는 동료 최방제가 죽었을 때 누구보다 슬퍼했고, 또 공부하는 중에도 문득문득 그를 그리워했습니다. 특히 자식이 이국만리에서 죽은 소식을 알 리 없는 부모의 심정에 대해서 누구보다 깊이 고심했던 분입니다.

민란으로 더이상 공부를 할 수 없어서 필리핀의 마닐라로 옮겨가 공부해야 하는 극한적 상황에도 지극히 평범하고 일상적인 일을 빼먹지 않고 끊임없이 했다는 점 또한 참 놀랍습니다. 보통 비상시에는 뭐는 하고 뭐는 안하고 그러잖아요.

이런 비상함이 있었기에 김대건은 걱정했던 것보다 빨리 사제로서의 수업을 끝냅니다. 그런데 나이가 차지 않아서 바로 서품을 받지 못하고 뒤에 서품을 받게 되지요.

십자가 옆의 우도

임치백 요셉

옥중에서 김대건 신부를 만나 신자가 되어서 순교했던 임치백 요셉이라는 분이 있습니다. 103위 순교성인 중 한 분이시지요.

그의 가정은 요즘 우리나라에서 흔히 볼 수 있는 자녀와 부인만 신자인 그런 가정이었습니다. 임치백은 가족이 성당에 가는 것을 눈감아주다가도 더러는 걱정을 하면서 못 나가게 했습니다. 생명의 위협을 느낄 때였으니까요.

결국 박해가 시작될 때 가족이 신자이니 그도 신자일지 모른다는 의심을 받아 옥에 갇히게 되었습니다. 억울하지요. 그러니까 "나는 신자가 아니었소."라고 한마디만 하면 되는 거였습니다.

그런데 그가 관아에 나가서 "나는 신자가 아니었소."라고 말하기 전에 참으로 행복하게도 옥중에서 김대건 신부를 먼저 만납니다. 김대건 신부의 옥중 삶의 모습을 보고 옥중에서 영세입교한 임치백은 내용과 형식은 다를지라도 십자가 옆에 있었던 우도를 연상시킵니다.

그가 뜻밖에도 신자임을 고백하자 관헌은 심문 중에 십계명을 외워보라고 했습니다. 그가 십계명을 못 외우자 십계명도 못 외우는 자가 무슨 신자냐고 그를 내보내려 했습니다.

그때 임치백은 "내가 옥중에서 김 신부를 만나 신자가 된 지 며칠 되지 않아 계명을 아직 다 외지 못합니다. 그러나 나는 하느님이 만물을 내신 창조주시며 만인의 아버지시라는 것을 분명히 알고 있습니다. 자녀인 내가 아버지이신 하느님께 효도를 하는데 무엇을 외워야 합니까. 외우지 못한다고 어찌 효도를 하지 못한다 하겠습니까." 하고 당당하게 신앙을 고백하여 듣는 이들을 감탄하게 했습니다.

임치백 성인의 이 신앙고백은 그 영성의 단순하면서도 심오함을 깊이 느끼게 합니다.

이렇게 해서 한국에 복음이 전해진 지 60년 만에 처음 얻은 사제, 김대건 신부는 돌아가시고, 우리 교회는 아홉 분의 순교 성인을 얻습니다.

조선, 사목의 황금어장
베르뇌 주교의 편지

김대건 신부 때부터 10년간 조선입국을 위해 노력했던 메스트르 신부가 철종 3년에 입국합니다. 철종 5년에는 장수 Jansou 신부가 들어오지만 입국한 지 3개월 만에 돌아가십니다. 풍토 안 맞고, 음식 안 맞고, 견디기 어렵죠.

앵베르 주교의 서간 속에 이런 표현이 있었잖아요.
"이런 비참한 삶을 사는 나에게 이 삶을 끝내줄 칼날이 두렵지 않다는 것을 여러분은 아시겠지요."
사신 분은 죽음보다 더 진한 삶을 살았다는 사실을 아셔야 됩니다. 그러니까 "왜 사는지 모르겠다." "안 죽으니까 사는 것이다." 하는 소리가 얼마나 안일하게 살고 있는 사람들이 하는 넋두리인지 아시겠지요.

초대교구장 바르톨로메오 브뤼기에르 주교는 조선입국을 위해 피나는 노력을 합니다. 몸무게는 출발할 때의 3분의 1로 줄고 피부는 한 군데도 성한 곳 없이 2년 2개월 12일 만에 마가자의 교우촌 펠리구에서 돌아가셨으니 가히 순교지요.

2대 교구장인 앵베르 주교는 새남터에서 순교했고, 3대 교구장 페레올 주교는 오실 때 "내 선임자는 이렇게 돌아가셨습니다. 그의 후배인 우리의 운명은 어떻게 될 것입니까?" 하고 주님께 비장한 기도를 드렸었지요.

철종 8년에 페롱 신부가, 철종 12년에 리델 신부가 들어옵니다. 리델 신부는 나중에 주교가 되어 교구장이 됩니다. 이후 랑드르 신부, 조안로 신부, 칼레 신부, 철종 14년에 오메트르 신부가 차례로 들어오고, 3대 교구장인 페레올 주교 병사 이후 4대 교구장으로 베르뇌 주교가 취임하지요.

한국교회에 대한 그 기막힌 박해 때문에 주교와 신부가 이렇게 풍성한 적은 없었습니다. 1857년에 4대 교구장 베르뇌 주교는 조선에서 11년간 활동하신 다블뤼 신부를 보좌주교로 임명합니다.

이렇게 사제단을 구성한 베르뇌 주교는 조선에 있는 모든 사제들을 소집해서 1857년 3월 26일부터 3일간 전교확장문제와 조선교구 관리문제를 정식으로 토의합니다. 이것을 조선교구 최초의 사목회의라고 합니다.

전교사업을 위해서 교리관계 서적과 기도서들을 한글로 출간해 천주교가 한글보급과 한글문화 창달에도 크게 기여하지요.

이 무렵 베르뇌 주교가 파리외방전교회에 보낸 편지에는 앞선 주교들과는 달리 매우 고무된 표현들이 나옵니다.

"우리는 피로하다. 우리는 힘들다. 그렇지만 우리의 피로와 힘든 것은 전부 땀의 결실로 보람을 느끼게 한다. 또 그들이 우리를 보고 기뻐하는 모습은 말로 다 표현할 수 없다."

이런 대목도 있습니다.

"신앙 때문에 그 깊은 심산유곡에서 인간다운 삶을 살지 못하는 상황 속에서도 교우촌을 찾아가면 말은 통하지 않는데도 신부가 앉아 있는 그 자체만으로도 좋아서, 남녀노소가 신부가 기뻐할 일 같으면 뭐든지 하려고 끊임없이 살폈다."

어쩌다가 신부 입에서 한국어 한마디 튀어나오면 온 신자들이 만세를 부르고 박수를 치죠. 어린 아이는 이름 모를 꽃 한 송이 따가지고 와서 살짝 놓고 가고, 어른들도 조금이라도 신부가 눈길을 주는 것이 있으면 좋아하는 줄 알고 즉시 갖다 놓는 겁니다.

신부가 다음 교우촌을 향해 출발하면 교우들은 "안녕히 가십시오." 하는 말도 못하고 몰려서서 하염없이 바라보다가 모습이 사라질 때쯤 거기 모였던 모든 교우들이 소리 높여 울기 시작하지요.

갑작스런 그들의 울음소리에 가슴이 아파 되돌아가면 신부를 붙잡고 우리가 살아가는데 도움이 될 말씀 한마디만 남기고 가시라고 합니다. 그래서 한마디 하고 가면 또 따라와 "더 오지 마라." 그러면 거기에 그냥 서있지요. 깊은 산속에서 그대로 말입니다.

신부가 모퉁이를 돌아갈 때가 되면 또 웁니다. 얼마나 처절한 모습인지 모릅니다.

이런 내용의 편지도 있습니다.

"이렇게 사제를 그리워하는 교우촌이 곳곳에 있고, 또 더 많은 사람들이 성사를 받으려고 준비하고 있다. 여기는 사목의

황금어장이다. 그러므로 여기에 주님의 나라를 건설할 수 있
도록 사목을 위한 역군들을 보내 달라. 1년에 최소한 10명씩
10년 동안 계속해서 보내라. 그 사람들이 다 와도 할 일이 넘
친다."

"소리 내어 라틴어 공부 좀 해봤으면…"
성요셉신학교

파리외방전교회의 방침에 따라 우리나라 교우들이 사제를 청원한 그때부터 방인사제양성은 한국교회의 역사적인 과제였습니다. 제3대 교구장 앵베르 주교가 와서 '사제를 양성해야겠다. 어떤 방법이 있을까.' 하고 궁리합니다.

전 세계 가톨릭 신학교들은 교황청이 보낸 사제양성지침서에 따라 그 나라의 문화와 실정에 맞는 규정을 만들어 교육시킵니다. 하지만 당시에 그런 방법을 택했다가는 한 사람의 신부도 못 낼 형편입니다. 예컨대 김대건 신부도 6년 동안이나 외국에서 공부했는데 들어오자마자 순교하잖아요.

이런 특수한 사정을 고려해서 어느 수준의 교육이 되면 주교가 사제서품을 주는 '속성사제양성법'을 택합니다. 이것은 마치 예수님께서 사도들을 정할 때 신학교를 졸업시키지 않고, 세금 걷는 사람보고 "나를 따르라."고 하고, 고기 잡으려고 그물 치는 사람보고 "따라오너라." 하던 것과도 비슷하다 할 수 있지요.

그렇게 해서 정하상, 이재의 그리고 다른 두 명을 신학생으로 지명하여 교육시킵니다. 조금만 더 있었으면 정하상이 신부가 되었을 텐데 아슬아슬하게 순교하고 맙니다.

박해와 순교로 속성사제양성마저 뜻을 이루지 못하고 중단되자 메스트르 신부가 답답해 하다가 1855년에 신학교를 하나 만듭니다.

그런데 전국 방방곡곡의 교우촌을 찾아다니며 순례 사목을 하는 신부가 언제 신학생을 모아 가르칩니까. 타고 다닐 자동차가 있습니까, 자전거가 있습니까. 옷은 또 뭘 입고 다녔겠어요? '천사의 날개'라고 불리어진 상복을 입고 다녔다고 했잖아요. 삼복더위에도 그 옷을 입고 다녔으니 얼마나 더웠겠어요. 그러면서 어떻게 신학생을 가르치겠다고 생각했는지…. 그만큼 사제양성이 절실했던 거죠.

이듬해 제4대 교구장으로 베르뇌 주교가 와서 충청도 제천 배론에 성요셉신학교를 정식으로 설립합니다. 요샛말로 '신학교'지 그때는 '신학당'이었지요. 푸르티에 신부를 학장으로, 프티니콜라 신부를 교수로 임명합니다.

장요셉이란 분이 자신의 집을 신학교 교사로 내놓았는데, 교사가 있어도 그 안에 앉아 교육받을 처지가 못됩니다. 오가작통법이 여전히 유효해서, 끊임없이 지나다니는 나무꾼이나 길손이 "수상한 사람들이 산에 있습디다." 하고 관청에 알리면 천주교 신자인 게 드러나 다 죽게 되잖아요.

요즘처럼 전기가 있는 것도 아니니 밤에 공부할 수도 없는 거예요, 다른 모임이야 어디에서도 살짝 할 수 있지만, 신학생들 공부는 그럴 수 없잖아요.

그래서 낮에 옹기그릇을 굽는 가마에서 공부를 합니다. 이 가마 속은 사람이 서서 들락거릴 만큼 공간이 제법 넓습니다. 넓다 하니까 또 교실만한 줄 알지 마시고요.

나무꾼이 언제 지나갈지, 길손이 언제 지나갈지 모르는 상황에서 공부하는 소리나 사람 소리가 나서는 안됩니다.

이 속에서 신학생들이 공부하는 동안, 교우촌으로 들어오는 길목 어느 지점에서 누군가 망을 봅니다. 그때 언제라도 불을 땔 수 있도록 나무를 재놓습니다. 망을 보다가 낯선 사람이 올라오면 신호를 하지요. 낯선 이가 가마에 상당히 가까이 왔을 때쯤 실제로 불을 붙여버립니다.

안에서는 공부하다가 난데없이 연기와 불꽃이 올라오고, 바깥쪽으로는 연기가 뭉텅뭉텅 나가지요. 그러면 포졸이 지나가더라도 눈치를 못 챕니다. 옹기그릇을 굽고 있는데 그 안에서 누가 공부를 하고 있다고 의심하겠어요.

그 사람이 지나가고 나면 재빨리 이 불을 꺼야 합니다. 잘못하면 안에서 다 죽지요. 혹여 불이 지펴지지 않을 때도 사람들이 지나갈지 모르기 때문에 안에서 소리를 내면 안됩니다.

그런데 다른 공부야 그냥 듣고 배우면 된다지만 라틴어를 배울 때는 선생님 발음을 학생들이 따라서 해야 하잖아요. 입 속으로만 우물우물 내는 발음이 맞는지 틀리는지 알 수가 없지요. 그때 신학생들 소원이 "우리도 소리 내어 라틴어 공부 좀 해봤으면…"이었다고 합니다.

학교를 만든 지 11년만에 병인박해로 인해서 학교가 폐쇄됐는데, 졸업한 사제가 있었다는 기록이 전혀 없습니다.

1878년에 로베르한국이름 김보록 신부가 신학교를 다시 열고 개인적인 교육활동을 하다가 1881년부터는 교회가 조선의 모든 사제지망생을 선택해서 나가사키로 파견합니다. 그곳에서 1년 동안 라틴어 공부를 시킵니다.

하필이면 왜 일본 나가사키냐? 조금이라도 기후풍토가 우리나라와 맞는 곳에 보내려 했던 것이죠. 그 당시는 일본이 그래도 천주교가 성한 편이었거든요.

라틴어 공부가 끝나면 다시 페낭으로 신학공부를 하러 보냅니다. 1881년부터 1884년 사이 나가사키에서 페낭 신학교로 파견된 학생이 총 22명인데 그중 7명이 죽습니다. 3분의 1이나 죽는다는 게 말이 쉽지 가당키나 한 일입니까?

반대로 그런 상황에서 살아있는 것도 기적이고, 남아있는 사람도 목숨만 붙어있을 뿐이지 건강상태가 말이 아니죠. 결국 그중 4명은 학업을 포기하고 남은 11명만 공부하는데 제대로 되었겠어요?

1885년에 블랑 주교가 강원도 원주 부흥골에다 신학교를 설립해서 학생 7명으로 다시 신학교 교육을 시작합니다. 이 7명 중 네 사람은 페낭에서 돌아온 학생들이죠. 이 신학교가 1887년 3월에 서울 용산의 함벽정 자리로 옮겨옵니다.

그리고 1896년에 최초로 세 분의 신부를 배출합니다. 이 최초의 국내 사제 중 한 분인 강도영 신부가 맡은 첫 본당이 미리내성당입니다. 미리내성당에 가면 김대건 신부 경당이 있지요? 그 옆에 이분 무덤이 있습니다.

이렇게 해서 국내에서 사제가 나오기 시작한 겁니다. 이 신학교가 바로 현재의 서울 가톨릭대학입니다.

피보라 죽음산
대원군과 병인박해

대원군은 둘째아들 고종이 열두 살에 왕위에 오르자 십 년간 정권을 잡지요. 대원군의 천주교에 대한 태도는 다음과 같은 사실로 봐서 처음에는 호감을 가졌다고 할 수 있습니다.

첫째, 당시 승지 남종삼이 천주교 신자인 걸 알고 불러서 묻습니다. 남종삼은 당대 제일 뛰어난 머리를 가졌다고 인정받던 선비인지라 천주교 교리를 조리 있게 설명하지요.

교리를 전부 다 듣고 대원군은 "그 매우 지당한 도리다. 그런데 내가 한 가지 이해 안되는 게 있다. 왜 제사를 못 지내게 하는가?" 하고 묻습니다. 대원군은 그래도 민간풍속인 제사는

지내야 되지 않느냐는 의견이지요. 천주교 교리에 대해 대단히 정확한 파악을 했다고 볼 수 있습니다.

둘째로 대원군의 부인이 민 부대부인閔 府大夫人인데, 베르뇌 주교의 서한에 보면 '왕의 모친이 교리문답을 배우고 매일 기도문을 외우고 있다. 아들이 임금이 되자 감사미사를 봉헌했다.'는 내용이 적혀 있습니다.

그런데 대원군이 부인이 이러는 것을 몰랐다 할 수 있습니까? 아들 교육을 특별히 시키며 비밀유지를 했는데 부인도 만날 사람 못 만날 사람 분별해서 만나게 했을 거 아닙니까?

따라서 대원군은 그때 부대부인의 천주교에 대한 태도를 묵인할 만큼 천주교에 대해서 호감을 가졌다고 봅니다. 대원군의 부인은 대원군이 하야하고 난 다음 '마리아'로 영세합니다.

셋째로 고종의 유모가 천주교 신자로 본명이 '마르타'예요. 아들을 왕위에 올리려는 목숨을 건 비밀작업을 하면서 아들을 가장 가까이에서 돌보는 유모가 천주교 신자인 걸 몰랐겠어요? 더군다나 기록에 의하면 '마르타는 신부님이 서울 근처에 오실 때마다 나가서 고해성사를 보았다.'고 되어있을 정도로 열심인데 말이죠.

그렇다면 적어도 부인이나 유모가 믿는 천주교 때문에 자기
가 정권을 잡는데 지장이 있을 거라고는 생각하지 않았다는
것입니다.

넷째로 대원군은 맏딸을 조진호의 아들과 혼인시켰는데, 이
조진호가 또 천주교 신자입니다. 대원군이 베르뇌 주교를 만
나자고 했을 때, 주교가 성탄 판공성사로 지방 순례중이었어
요. 그래서 지방에 사신을 보내야 했는데 그 여비를 조진호가
대줍니다. 교회에서 상당히 많은 일을 하는 사람이었죠.

치밀하기 이를 데 없는 대원군이 사돈 될 사람이 어떤 사람
인지도 모르고 덜컥 혼인을 했겠어요?

그런 대원군이 그 어느 때보다 가혹하게 천주교를 박해합니
다. 대원군의 박해 때 순교한 24위 성인은 그 누구보다 가혹한
죽음을 당합니다. 이때는 가족도 다 죽었기 때문에 교우들이
가장 많이 죽기도 했습니다.

대원군은 "통외자는 선참후계先斬後啓하라."고 명을 내렸는
데 '통외자'는 외국인과 통교하는 자를 말합니다. 그러니 외국
에서 온 선교신부들을 만나는 사람은 다 통외자이지요. 이 통
외자는 먼저 죽여놓고, 이만저만해서 죽였다고 후에 보고해도

된다는 뜻입니다. 당시 증언을 들어보면 "이것은 단순한 탄압이 아니고 피보라 죽음산이었다." 그랬습니다.

어느 마을에 천주교 신자가 있다고 알려지면 군졸들이 동원됩니다. 그런데 대개 교우촌은 낯선 이가 오는 걸 보고 피할 수 있는 자리에 있다고 했지요?

그러나 그 깊은 산속에서 나이 많은 사람들과 어린애들을 데리고 가봐야 얼마나 가겠어요. 날렵하게 뛰어올라온 군졸들이 도망치는 사람에게 "너 천주교 신자지?" 하고는 바로 칼로 치는 거예요.

군졸이 산 중턱까지 따라와 내리쳐서 죽어도 묻어줄 사람이 없지요. 그래도 살아남은 교우들이 있어 이 불쌍한 순교자들에게 흙이라도 덮어줄 때 언제 시신을 추스르고 묘자리 찾겠어요. 그러니 막 묻었던 겁니다.

대구 팔공산 한티 성지의 묘지들을 발굴한 적이 있습니다. 교회법에 따라 역사학자, 고고학자, 민속학자, 언론인, 외과전문의도 입회했지요. 당시 경북대학교 부속병원 외과과장이던 주강 박사가 입회했습니다.

묘를 발굴했는데 두개골이 나왔어요. 그런데 주강 박사가 자세히 살피고 난 뒤 자신도 모르게 '아!' 하고 짧고 깊은 탄식을 터뜨렸어요. 우리 모두는 매우 긴장하였습니다.

주강 박사가 옆에 계시던 주교에게 설명을 합니다. "이 두개 골이 입은 손상은 오른쪽 위에서 왼쪽으로 비껴 친 예리한 충격의 흔적이고 그것이 사망의 원인일 것입니다."라고 하였습니다. 그러니 구비전승으로 들었던 이야기들이 사실이라는 것이 발굴된 교우들의 유골로 증명된 것입니다.

그 설명을 마치자마자 주강 박사가 두개골을 놓고 그 자리에 앉아 무릎을 꿇고 성호경을 합니다. 그분이 냉철한 과학자 아닙니까. 거기 모였던 사람들이 깊은 감동을 받았습니다.

어떤 무덤이 순교자 무덤이라고 하면 그 증언이 있어야 합니다. 76세 된 분의 증언을 그때 제가 채록해서 보고서를 냈는데, 그분 말이 이렇습니다.

"내가 여기서 아버지를 도와 농사를 지었는데 열아홉 살 때의 어느 날, 남들은 다 좋은 땅에 사는데 나는 왜 이런 데 사는가 싶어 원망스런 마음이 생기는 거예요. 그래서 아버지 뒤를 따라가면서 괭이를 툭툭 치면서 갔지요. 평소 같으면 불평을 해도 놔두셨는데, 어느 무덤 앞에서 괭이로 툭툭 치자 아버지가 휙 돌아서더니 '너 이놈~ 그럴 수는 없다!' 하시며 노여워하시는 거예요. 내가 '왜요?' 하고 어리둥절해하자 '아무리 불만이 있더라도 순교자 묘지에다 그러면 되겠느냐?' 하셨어요. 그 어린 마음에도 충격이었는지 이것이 순교자 묘지라는 것이 마음에 깊이 박혀 있어요."

　이때의 순교자들은 어떤 증언을 했고 어떻게 죽어갔는지 기록이 하나도 없습니다. 무덤도 제대로 못해서 아무도 무덤이라고 생각지 못하는 자리에 묻혀 있을 뿐이죠. 이렇게 숨어있는 순교지, 이런 순교자들의 피가 엉겨있는 산천이 바로 무명 순교자들의 사적지입니다.
　어쨌든 병인박해는 우리나라의 마지막 박해이고, 가장 참혹한 박해였습니다. 그 무수한 순교자들 가운데 지금 24위만이 순교성인으로 올려져 있습니다.

산속의 세 신부

페롱, 리델, 칼레

병인박해 때 희생된 외국인 성직자들에 대해 잠깐 봅시다. 헌종 마지막에 들어온 주교와, 철종 때 우리나라에 온 사제들이 매우 고무되어 본국에다 거룩한 성화의 군단을 보내줄 것을 요청했다고 했지요. 그들이 그렇게 기뻐하면서 의욕에 차 일하다가 이내 끔찍한 박해에 부딪칩니다.

기록을 보면 교구장이던 베르뇌장경일 주교는 3월 8일 새남터에서 52세의 나이로 순교하셨고, 그 뒤를 다블뤼 주교가 잇습니다. 다블뤼 주교는 20여 일 교구장 임무를 수행하다가 3

월 30일 돌아가셨습니다. 그때 나이가 48세였고 한국이름으로 '안돈이安敦伊'라 한문으로 적혀 있었지요.

이분은 순교하실 때까지 우리나라에서 21년 동안 사목을 하셨으니까 어쩌면 그의 생애 가운데 가장 긴 시간을 우리나라에서 보낸 셈입니다. 더구나 승계권 있는 보좌주교였기에 비록 20일간이었지만 조선교구 제5대 교구장으로서 한국교회를 잘 대변할 수 있었지요.

누구보다도 우리나라를 사랑했고 또 우리말에 능통하여 한국의 순교사나 교회의 모습을 가장 많이 정리해놓았습니다. 그 살벌한 죽음의 현장에서도 웃음을 보여주어 사람들을 놀라게 했고 순교하는 순간까지 주변에 교리를 알려주었습니다.

외국인 사제 대부분이 새남터에서 순교하셨는데 3월 30일에는 보령에서 세 분이 순교하셨다고 기록되어 있습니다. 그 까닭이 그날 왕가에 왕비 성혼례가 있어서 좋은 일을 앞두고 같은 서울 하늘 아래에서 죄수를 죽이는 일은 재수 없다 하여 이들을 보령에 가서 죽이라고 한 거예요. 참 어이없는 일이지요? 이분들 모두 교우촌에서 순례 사목을 하던 중에 잡혀 들어가 순교하셨습니다.

다행스럽게도 세 분의 외국인 신부는 산속으로 피신해 목숨을 구합니다. 페롱 신부는 충청도 목천, 지금으로 하면 천안 근방 교우촌에서 사목을 하다가 신자들과 신부들이 잡혀 들어 갔다는 소식을 듣고 그대로 산속으로 피신합니다.

충청도 진밭, 그러니까 지금의 공주군 일대에서 순례 사목 을 하던 리델 신부는 경상도 교우촌을 순례하기 위해서 경상 도 산촌으로 막 떠났는데 그 충청도 지역을 포졸들이 덮칩니 다. 무조건 잡아간다는 말에 그냥 산속으로 들어가 숨은 거예 요. 산속에서 말이 통합니까? 길을 압니까? 다시 돌아 나오지 도 못하고 교우촌을 더 방문하지도 못하게 된 거죠.

충청도 진천에 있던 칼레 신부도 순례 사목 중에 소식을 듣 고 무작정 산속으로 들어갔지요.

그러니 생각해보세요. 세 사람이 각각 낯선 땅, 깊은 산속에 서 풀잎 따먹고 풀뿌리 먹으며 지낼 모습을 말입니다. 그해 5 월 8일 깊은 산속에 숨어있던 리델 신부는 교우들을 통해 페롱 신부가 잡혀가지 않았다는 소식을 전해듣습니다.

그래서 산속으로 산속으로 산맥을 타고 가서 6월 16일 충청 도 깊은 산속에서 페롱 신부를 만납니다. 그 만남의 감격과 해 후가 어땠겠습니까. 그렇게 2개월간 산속에서 숨어 살다가 칼 레 신부도 살아있다는 소식을 듣지요. 이 두 분 신부와 칼레 신부가 감격적으로 만나서 자신들만 살아남았다는 걸 확인합니다.

역사상 이때처럼 심각하고 무섭고 지독한 박해는 없었으므로 아무도 도와줄 수 없었고 누구에게도 도움을 청할 수 없습니다. 그 슬프고 암담한 처지에서도 세 분 사제는 목자답게 비참한 한국교회를 사목할 계획을 세웁니다.

"조선교회의 이 기막힌 상황을 세계교회에 알려야 한다. 그러면 중국을 통해서 알리는 수밖에 없다. 그리고 살아남아 흩어져있는 신자들도 수습해야 한다." 하고 의논을 하지요.

그래서 리델 신부가 중국에 있는 프랑스 공사에게 이 비참한 상황을 알리는 책임을 맡고 페롱 신부는 칼레 신부와 함께 한국교회를 수습할 계획을 세웁니다.

리델 신부는 산을 타고 바다로 나가 배 한 척을 얻어 시시각각 다가오는 죽음의 초조함 속에서 조선을 탈출하여 중국 쪽에 한국교회의 사정을 전합니다.

세상 돌아가는 것도 모르고

프랑스인들은 자기 나라 선교사가 죽었다는 데 대한 분노도 컸지만 또 한편으로 이걸 계기로 조선과 통상을 맺어야겠다는 다목적 의도를 갖고 프랑스함대를 그해 8월 강화도에 보냅니다. 이게 바로 병인양요 아닙니까.

산속에 숨어있던 두 분 신부가 그 소식을 듣고 리델 신부가 무사히 가서 전했구나 하고 기뻐하죠. 군함에는 파견됐던 신부가 타고와 틀림없이 자기들을 구해줄 거라고 생각하며 강화도로 찾아갑니다. 산맥을 타고 갖은 모험을 하면서 강화도에 도착했을 때 프랑스함대는 이미 떠나버리고 없었어요.

이분들의 좌절감은 말할 수 없지요. 다 찌그러진 배 한 척을 구해서 두 신부도 조선을 탈출합니다. 그래서 한국교회는 또 다시 '목자 없는 교회'가 됩니다.

병인양요 때 프랑스군함이 강화도 앞바다에 나타난 동기가 선교 신부들 때문이었잖아요. 그런데 대원군은 프랑스함대가 물러가는 것을 보고 국제정세의 흐름은 아무것도 모르면서 '서양 그거 별 거 아니다.' 하고 기고만장합니다.

이 무렵 미국 국무장관 테프트와 일본 외무대신 가츠라는 비밀협약을 맺습니다. 필리핀은 미국이, 조선은 일본이 차지하는 것으로 저희끼리 의논한 것이죠.

그전에는 연해주가 러시아로 넘어갔지요? 태평양으로 진출하려는 러시아를 막기 위해 영국군함이 거문도를 점령하잖아요. 우리나라의 운명이 다른 나라의 이해관계에 따라 결정돼 나가는 겁니다.

원래 서학이 들어올 때 서구 과학기술도 들어오잖아요. 세계에 대한 눈을 뜰 수 있고, 새로운 신앙도 접할 수 있는 기회였지요. 그런데 오랜 세월 쇄국정책을 쓰며 일방적으로 서양 것을 탄압만 했으니 세계정세를 제대로 알 도리가 없지요.

너무 심하다고 하실지 모르지만, 하느님의 구원사업을 이토록 거역한 조선이 어떻게 시련을 안 겪겠어요. 국권을 상실하고 36년간 압제에 시달린 것도 바로 그런 시련이지요. 죄는 정부가 짓고 보속은 국민이 한 셈입니다.

그렇다면 한국천주교는 어떻게 신앙의 자유를 얻게 되었을까요? 지금까지 많은 교회사학자들은 1886년 프랑스와 우리나라 사이에 맺어진 수호통상조약 속의 '교회敎誨'와 '호조'라는 두 가지 조항 때문이라고 주장합니다.

그러나 저는 이 주장에 동의하지 않습니다. 100년 동안 목숨을 바쳐 순교하신 분들이 죽어가면서도 끝까지 하신 말씀이 무엇인 줄 아십니까?

"왜 하느님의 진리를 알아보지도 않고 천주교를 박해합니까?" 그리고 자기를 죽이는 사람보고도 "당신도 나처럼 하느님을 공경하십시오."라고 절규했습니다.

100년 동안 신앙의 자유를 호소하며 수많은 분들이 죽어간 이런 사실은 간과해버리고 조약 조항 때문에 신앙의 자유를 얻었다는 주장이 옳은 말입니까?

우리 신앙의 자유는 저 순교자들의 기도로 이루어낸 것임을 잊어서는 안됩니다. 신앙의 자유가 통상조약 체결로 이루어졌다는 식으로 역사를 보는 것은 잘못된 역사관입니다. 그렇지요? 실제 역사는 그런 게 아니잖아요.

먼 길 돌아 찾은 신앙의 자유

신앙의 자유는 세 단계에 걸쳐 확대됩니다. 그 첫 번째 단계는 신앙의 자유를 얻기 위한 투쟁기입니다. 이게 제일 큰 공로입니다. 박해의 전 기간에 순교자들이 목숨을 바치며 호소했던 것이고, 목숨을 바쳐 기원했던 것이고, 목숨을 바쳐 쟁취하려고 했던 것입니다.

신앙의 자유가 원래부터 있었던, 당연한 것으로 여기지 말아야 합니다. 100년 동안 순교성인들이 무수히 감옥에서 굶어죽고, 매 맞아 죽고, 목 잘려 죽어가면서 피 흘려 쟁취한 결과라는 사실을 잊지 말아야 합니다. 이 자유가 얼마나 소중한지 알아야 합니다.

"아차, 생각해 보니 어제가 주일이었네." 하는 사람들에게 무조건 주일을 지키라고만 하지 말고, 성사 보기 위해서 70리를 걸어왔던 얘기, 아녀자들이 부끄러움을 무릅쓰고 죄를 고백하고 회초리를 맞았던 얘기, 미사 드리고 싶어서 사제를 영입하려고 그토록 애썼던 얘기… 우리 선조들의 이런 귀중한 이야기들을 들려주는 노력을 해야 합니다.

두 번째 단계는 대원군의 거듭된 실정으로 10년 세도가 무너지면서 우리나라가 세계에 문을 열 수밖에 없었던 개항기 이후인데 신앙의 자유가 묵시적으로 인정되기 시작하지요.

1884년에 블랑 주교가 7대 교구장으로 취임하면서 우리나라에 학교를 설립합니다. 교회에서 학교를 운영하도록 놔두었다는 것은 국가가 묵시적으로 가톨릭을 인정하는 것이라고 볼 수 있지요.

그렇다고 자유가 온 것은 아닙니다. 세 차례 내려진 척사윤음이 여전히 유효하여 국법에 따라 천주교 신자는 계속 잡혀가고 있었으니까요.

그 이듬해인 1885년에는 서울과 대구에 수녀원이 진출해 오면서 고아원과 양로원을 운영합니다. 이들 고아원과 양로원은 우리나라 역사상 복지기관의 효시인 셈이죠.

1980년대 들어서서야 우리나라 대학에 사회복지학과가 만들어지니까 천주교회에서 1885년에 시작한 사회복지를 국가에서 100년 늦게 관심을 갖게 된 것이지요. 이 이야기들을 모으면 한국천주교회가 우리 사회에 얼마나 중요한 영향을 끼쳤는지 알 수 있습니다.

그래서 복지학을 전공하는 교수들은 대부분 천주교 신자이거나 100년 뒤에 들어온 개신교에서 복지사업에 관여했던 분들입니다. 복지학과 교수들은 그런 의미에서 그리스도의 복음을 현실사회에 적용시켜 실천해가는 최첨병이어야 합니다.

그런데 그분들 중에는 기가 막히게도 "교회가 정의를 구현해야 하므로 교회기관에 있는 사람들 월급부터 올려야 한다."는 주장에 열을 냅니다. 참신한 것 같지만 정의구현이 그런 차원은 아니라고 봅니다. 고뇌해야 할 것은 그런 것이 아닙니다.

그분들에게는 신앙, 학문, 생활이 나뉘어져 있습니다. "아무 신부가 내 동기야." "그 레지오단장 잘 알지. 나도 그때 단장 한 2년 안했나." 하면서 그것이 신앙생활의 전부인 양 합니다.

학문적으로도 그 중심 뜻도 잘 모르고 반 가톨릭적 요소가 있는 내용을 열을 내서 가르칩니다. 자신도 모르는 것을 가르치는 선생이 또 얼마나 많은지요.

사는 것은 어떻습니까. 자세히 들여다보면 삶이 상당히 유물론적이고 현실적이고 감각적입니다. 월급을 중시하는 물질적 세계관, 정의를 월급의 많고 적음으로 판단하려는 현실적 세계관, 거기다 이성적 합리적 사고 없이 감정에 호소하는 다분히 선동적인 경향을 갖고 있습니다.

이렇게 학문, 생활, 신앙을 분리해 살면서도 민주주의를 외칩니다. 내가 하도 답답해서 "인간은 한 인격 안에 그 세 가지가 통일되어야 한다." "천주교는 민주주의가 아니다." 그랬더니 그걸 또 잘못 알아듣고, "저 사람은 독재주의자다."라고 수군댑니다.

목 날아간 경상감사

 그 당시 조선정부가 교회를 정식으로 인정하지는 않았지만 교회에서 하는 사업을 묵시적으로 용인하면서 실제 신앙생활과 직결되는 부분도 상당히 묵인한 예가 있습니다. 1886년의 한불조약이 그 한 가지입니다.

 최초의 수호통상 조약은 1882년 미국과 맺은 한미수호통상 조약이지요. 1884년에는 독일과도 맺었으니 1886년에 프랑스와 맺은 조약이 어떤 의미에서 제일 늦은 셈입니다.

 미국이야 제일 먼저 통상조약은 맺었지만 솔직한 얘기로 그

때 우리나라에 한 게 뭐 있어요? 거기에 비하면 프랑스인들은
이미 100년 전에 우리나라에 와서 피를 흘리고 죽었잖아요.
그리고 천주교를 전했고요.

 그런 걸 생각하면 우리나라와 프랑스가 제일 먼저 국교를 맺
어야 되는데 제일 늦은 이유가 무엇일까요? 프랑스가 수호통
상조약 맺을 노력을 안했을까요? 천만에요. 어느 나라보다도
노력했습니다. 강화도에 들어올 때도 제일 먼저였지요.

 그런데도 안된 이유는 중국의 장난 때문입니다. 일본이 대륙
을 침범하기 위해서 끊임없이 우리나라 쪽으로 넘어 들어오니
까 중국이 불안한 겁니다. 일본 독무대가 되지 않도록 막아야
겠는데 중국이 막을 힘이 없으니까 다른 나라를 조선에 끌어
들여 일본을 견제하려고 하지요.

 중국의 의도대로 미국과 독일이 들어오지요. 그런데 프랑스
는 왜 안 끌어들였냐? 베트남 때문입니다. 베트남이 원래는
중국 세력권 안에 있었는데 프랑스군대가 와서 식민지화시켰
거든요. 거기에 대한 보복심리가 있었던 것입니다.

 그때 청나라 외무대신이 마건충인데, 프랑스가 조선과 국교
를 맺게 다리를 놔달라 부탁하면 중간역할을 하는 척하면서

교묘히 방해를 하는 겁니다.

우리나라에는 "프랑스가 국교를 맺으려고 하는데 천주교를 믿어도 좋다는 것을 조항 속에 넣으려고 하니 조심해라. 그거 넣어주면 민란 일어난다." 말하고, 프랑스에는 "조선은 천주교를 박해한 나라이니 천주교의 자유를 절대로 용납하지 못한다는 조건을 넣어야 된다고 주장하고 있다."고 전하는 겁니다.

그 말을 전해들은 프랑스는 "이미 우리 선교사들이 피를 흘렸는데 이제 와서 신앙의 자유를 박탈당하면서까지 통상조약을 맺지 않겠다."고 상당히 당당하지요. 그래서 늦어진 겁니다.

마건충의 말이 사실이었다면 우리나라가 미국하고 조약 맺을 때도 신앙문제가 나왔어야 될 거 아닙니까. 그런데 미국과 조약 맺을 때는 신앙의 자유 어쩌고 하는 소리 한마디도 없었거든요.

그렇다면 1886년에 한불조약 맺을 때 신앙의 자유 소항이 있었을까요, 없었을까요? 외교에 능숙한 프랑스는 그 조항을 안 넣고도 천주교를 전할 수 있는 조약을 탁 맺습니다.

조약 속에 재미있는 두 가지 말이 들어갑니다. 그중 하나가 '교회'라는 말입니다. 프랑스가 "두 나라가 통상을 잘하려면 우리는 조선문화와 풍속을 배워서 익히고, 또 조선사람은 프랑스의 풍속과 문화를 익히는 게 어떻겠소?" 하면서 서로 문화를 가르치고 배워서 우의를 돈독히 하는 것을 서로 교회한다고 하니 맞거든요. 그렇게 해서 '교회'를 넣어놨습니다.

그 다음부터 프랑스 신부들이 천주교를 막 전합니다. 조선정부에서는 여전히 천주교 신자를 덥석 잡아들이죠. 그러면 프랑스에서 조약위반이니 풀어주라고 요구하는 겁니다.

우리나라에서는 "그게 무슨 소리냐. 어떻게 조약위반이냐?" 하고 따지지요. 그러면 프랑스에서는 "이거 봐라. 교회한다고 안했나. 서로 풍속을 배우고 깨닫자 안했나. 천주교는 우리 프랑스 풍속이다." 그럽니다. 여기에 딱 걸리는 겁니다.

리델 주교도 우리나라에 들어와서 선교하다가 잡힙니다. 전에 같으면 잡히면 순교했는데 죽이지 않고 추방시킵니다. 그 다음부터는 추방도 아니고 그냥 풀어주는 것으로 바뀌고 그 뒤로는 잡지도 못합니다.

그 조약 속에 또 어떤 조항이 있었느냐면, "우리가 장사를 하려고 하면 돈 가지고 물건도 사러 왔다갔다 해야 하는데, 프랑스에 와서 너희가 어떻게 물건을 사고 어떻게 돌아다니겠느냐. 그러니까 조선사람이 프랑스에 오면 프랑스 정부에서 안내원 하나 붙여서 신변을 보장해주마. 도둑을 맞는다든가 두들겨 맞아 죽는다든가 그런 일이 없도록 해주마." 하는 거예요.

"그 대신 프랑스 사람이 조선에 왔을 때도 그렇게 해주어야 한다."고 합니다. 들어보니 맞는 말이거든요. 그런 사람이 오고갈 때 서로 연락해서 두 나라 정부에서 통행증을 내주자고 하는데 그게 바로 '호조'입니다.

이 조항을 만들자마자 우리나라에 와있던 프랑스 신부가 통행증을 딱 가지고 다니니 그때부터 조선정부는 안내원 하나 붙여주고 신변보장해줘야 합니다. 천주교 신자는 잡아죽이고 신부는 보호하는 기이한 상황이 벌어집니다.

한불조약이 이런 과정을 거쳐 맺어지고 교회는 여행의 자유를 얻지요. 2년이 더 지난 1888년부터는 천사의 날개라 일컫었던 상복을 입고 숨어다니던 사제들이 당당히 수도복을 입고 다닙니다.

그래도 가끔 외국선교사가 잡혀서 곤욕을 치를 때가 있었는데 호조를 내보이며 조약위반이라 주장하면 할 수 없이 풀어주고 그랬습니다.

그런데 풀어줄 때 온갖 기분 나쁜 방법으로 풀어주니까 당시 경상도 지역을 맡고 있던 로베르김보록 신부가 가만히 있지 않습니다. "늘 물어보고 풀어주고, 물어보고 풀어주고 이게 뭐

냐. 적어도 나라를 다스리는 지방장관이면 법을 좀 알아야 할
것 아니냐." 하고 크게 문제를 삼습니다.

결국 경상감사의 목이 날아가지요. 그러니까 대구에서 깜짝
놀랍니다. 천주교 신자하면 막 잡아죽여도 아무 상관이 없는
줄 알았는데 경상감사 목이 날아가고 나니 그때부터 경상도
쪽에서 천주교에 겁을 냈다 그래요.

조선선비들 성당에서 "어험 어험"

이러한 묵시적 용인단계를 거쳐서 신앙의 자유가 공인되는 세 번째 단계에 들어갑니다.

1895년에 놀랍게도 나라에서 순교자들의 죄를 사면한다는 명을 내립니다. 고종이 8대 교구장인 뮈텔 주교를 직접 만나서 "병인박해 때 천주교 신자가 많이 죽었는데 내가 그때 어렸고 아버지가 섭정하면서 한 일이라서 미안하다."고 유감을 표명하고 조선정부와 천주교가 친선을 도모하면서 잘 지내자고 얘기했습니다.

절대군주시대에 임금님이 사면령을 내리고, 사과하고 잘 지내자고 했으니까 1895년은 신앙의 자유가 공인된 해라고 분명히 말할 수 있지요.

이것을 법적으로 다시 확인한 것이 1899년 교민조약입니다. 정부 측에서는 정준시가, 교회 측에서는 뮈텔 주교가 직접 만나서 신앙의 자유에 대해 조선정부와 조선교회 사이에 법적으로 조약을 맺습니다.

교민조약이 맺어짐으로서 비로소 교회 이름으로 땅을 확보하고 성당을 짓는 일이 가능해졌습니다. 이 무렵에 총신성당, 약현성당, 조양성당이 지어지는데, 이 새로운 서구식 건축양식이 신기해서 우리나라 사람들이 도시락 싸들고 와서 구경했지요.

성당을 짓고 신부들이 십자가와 성 마리아상은 물론이고 종탑에 다는 종까지 프랑스에 연락해서 가져옵니다. 프랑스 사람들은 자기나라 신부들이 목숨을 바쳐 순교했던 조선에 자기 고향 출신 신부가 가서 성당을 지었는데 종이 없다 하니까 종을 기증해 보내옵니다. 그걸 갖다가 달아놓으니 우리나라 사람들이 놀라서 쳐다봅니다. 너무 곱고 섬세하게 표현돼 있으니 놀라지 않을 수 없습니다.

그래서 우리나라 사람들이 그거 구경하러 성당에 갔다 그랬지요? 그런데 여러분, 성당구경을 어떻게 했을 것 같습니까? 한번 생각해보세요.

수행선비들이 성당 문앞에 떡 서서 "여봐라, 조선선비가 왔다고 여쭈어라!" 하거든요. 신부가 "내가 주인이요." 그러면 문 열고 들어와 구경을 하거든요.

그런데 절대로 그냥 안 봅니다. 만져봐야 되거든. 또 눌러보고. 그러니까 성모상이고 십자가고 결딴나는 거야. 키 안 닿으면 지팡이로 두드려 보니까 신부가 기겁 안하겠습니까? 특히 성체 감실 앞에 와서 두드리면 기겁을 하고 말립니다.

그러면 성당의자에 앉아서는 기침을 "어험 어험" 하고는 성당 안에 가래침을 퉤하고 뱉는 거라. 한 사람이 그러면 또 다른 사람이 하고, 성당 안이 어떻게 되겠습니까.

그래서 한동안 신부들이 우리나라 사람들이 성당구경 못하도록 금지령을 내려서 문을 닫아놓은 적이 있습니다.

천주교가 들어올 때 가져온 상본을 보면 원근법과 투시도법이 있단 말이지요. 미술의 표현기법 상 원근법과 투시도법이 제시되어야 근대미술로 보거든요. 그러니 천주교가 우리나라에 들어와서야 한국 근대미술사가 시작되는 겁니다.

서울대학교 미술대학에 조각과가 만들어질 때에 장면 박사

동생 장발 씨가 거기 교수였습니다. 그는 천주교에서 온 조소와 소묘, 조각을 중심으로 서울대학교 미술학과를 이끌어 갑니다.

도레미파솔라시도로 표현되는 한국 근대음악사의 시작도 천주교 덕택입니다. 성가집 속에 제일 먼저 나오는 악보가 뭐겠어요? 그레고리오 성가 악보지요. 동요도 천주교가 성가집을 들여오면서 시작된 겁니다.

이렇듯 천주교 신부와 신자들이 한국 근대미술도, 음악도 이끌어갑니다. 한글 전용도 천주교에서 했습니다.

여권신장운동에 있어서 천주교의 기여는 더 말할 것도 없습니다. 교회의 어머니 성모님께 묵주신공을 하는 교회니까 종처럼 취급받던 우리나라 여성들의 입장이 완전히 역전되는 것 아닙니까.

일부일처제, 과부의 재가 허용 등 여성인권을 존중하고, 특히 어린이 기아에 관심을 갖고 인격과 영혼의 존엄성을 강조함으로써 소위 현대적인 인권개념이 천주교를 통해서 심어집니다.

또 100년이 흘러가고

지금까지 우리나라에 천주교가 전해진 때로부터 100년 동안 일어난 순교를 중심으로 한국천주교회사를 살펴보았습니다.

앞으로 해방 후 '일제의 탄압 속에서 한국교회는 어떻게 되었는가, 해방이 되고 난 다음 좌우익의 혼란과 남북의 분단, 그 속에서 한국교회는 뭘 했는가. 독재정권 속에서 한국교회는 현실적으로 어떤 역할을 했고 민족 구원사에 어떤 기여를 했는가.' 하는 문제도 다루어져야 합니다.

여러 문제의식을 갖고 보면 한국교회의 모습을 그 기막힌 순교의 아름다움으로만 설명할 수 없을 것입니다. 많은 역사학자들도 그 무렵 교회의 기능과 역할이 미흡했다고 매우 따갑게 비판합니다.

그러나 한국교회 전반 100년이 세계사에서 찾아볼 수 없는 순교자의 피로 아름답게 전개되었는데 후반 100년이 과연 그렇게 마구 공격해도 괜찮을 만큼 형편없이 전락했느냐 이 말입니다.

너무 현실적인 입장에서 효율성과 공과만으로 교회를 평가해서는 안됩니다. 영성적인 면에서 우리 민족의 의식 변화에 교회가 어떻게 관여했는지 깊이 살펴봐야 합니다.

정치, 경제, 사회적인 부정과 부조리 속에서 교회가 펼쳤던 정의평화운동도 하루아침에 시작된 것이 아닙니다. 교회가 오랫동안 침잠하는 중에도 아름다움과 성스러움을 끊임없이 추구해왔기 때문에 가능했던 일입니다.

지금 우리사회는 어떤 가치관도, 어떤 인성관도 정립하지 못한 채 윤리적 가치의 혼란 속에서 나아갈 바를 모르고 있습니다. 이제 한국교회 전반 100년의 역사에서 보여줬던 그 순교적 열정으로 민족을 위한 새로운 횃불을 들어야 합니다.

우리의 어떠한 이성과 지혜로도 해결의 길이 보이지 않을 때일수록 오히려 우리는 성령 앞에 간구해야 합니다. 그 어느 때보다도 절실히 순교자들의 영성을 생각하며 성령 앞에서 지극히 겸허한 자세로 연민하고 고뇌해야 합니다.

그러한 자세가 우리를 새로운 길로 나아가게 하고 회개의 길로 나아가게 합니다. 진정한 회개의 길은 자기비하의 감정이 아니라 새로운 길로 향하는 변화입니다.

그렇게 하자면 우선 박해 속에 있었던 한국교회가 민족의 진로를, 민족의 앞날을 밝히려고 구원의 횃불을 들었던 두 가지 역사적 흐름을 살펴봐야 합니다.

첫째는 우리가 얻은 신앙의 자유가 어떤 의미를 지니는가를 사색해 보는데서 미래를 보는 것입니다.

둘째는 한국교회 200년사 전체를 역사적으로 성찰해 봄으로써 역사의식을 가지고 오늘을 보는 것입니다.

한국역사의 큰 격동기에 신앙의 자유가 생깁니다. 대원군 하야 후 개화의 물결 속에서 한국사회는 스스로 민족의 역사를 책임질 수 있는 주체로 성장할 수 있는가, 아니면 국권까지 잃어버리게 되는가 하는 기로에 서게 됩니다. 이 역사의 전환점에서 우리는 신앙의 자유를 얻게 되지요.

지난날 영광스러웠던 교회의 모습을 과장하고 우상화하는 것도, 한동안 부끄럽고 용기없었던 교회의 모습에 대해 지나치게 자기비하하는 것도 옳지 않습니다.

잔가지들을 거머쥐고 "어느 쪽이 옳다, 어느 쪽은 옳지 않다." 그런 토론을 하기보다 역사의 큰 흐름 속의 순교적 헌신을 바라보면서 성령 앞에 나아가 민족의 정기를 깨워야 합니다. 이 한국사회에 구원의 빛이 될 수 있는 한국신학을 정립하고, 구원의 원리를 사색해야 됩니다.

그게 지금 없다고 해서 그러면 그것이 생길 때까지 가만 있을까요, 그건 아닙니다. 그것을 같이 만들고, 같이 사색하고, 같이 연구하자는 것입니다.

한국천주교회사 전반부 100년사를 살펴보았듯이 나머지 100년사를 다시 잘 정리하면, 문화적, 사회적인 여러 측면에서 한국교회의 현실과 미래상에 대해서 그려볼 수 있는 가능성이 또 있겠지요.

어머니는 죽음의 길로 들어서는 아들을 말렸으나
샤스탕 신부는 선교를 위해 프랑스에서 아시아로 길을 떠납니다.
그런 아들이 너무 야속해 어머니는 아들의 뒷모습도 보지 않습니다.

다시 못 볼 어머니의 축복을 받고 싶은데
자신을 그토록 사랑하는 어머니가 끝내 돌아보지 않는 것을 보고
마음이 아프면서도 그대로 길을 떠납니다.

어머니는 끝내 아무 소리가 없어 돌아보니 진짜로 아들이 없거든요.
'내 허락 없이 가지 않을 아들인데 기어이 간 것을 보면
그 결심을 바꿀 수 없겠구나.' 하는 생각을 하면서
문밖으로 나와보니 달 밝은 벌판 저 멀리 가는
아들의 뒷모습이 보입니다.

벌판으로 사라져가는 아들의 뒷모습

여러분, 우리나라 사람들이 성당구경을 어떻게 했을 것 같습니까.
수행선비들이 성당문 앞에 떡 서서
"여봐라, 조선선비가 왔다고 여쭈어라!" 하거든요.
신부가 "내가 주인이요."
그러면 문 열고 들어와 구경을 하거든요.
그런데 절대로 그냥 안 봅니다.
만져봐야 되거든. 또 눌러보고.
기 안 닿으면 지팡이로 두드려 보니까 신부가 기겁 안하겠습니까?
특히 성체 감실 앞에 와서 두드리면 기겁을 하고 말립니다.

그러면 성당의자에 앉아서는 기침을 "어험 어험" 하고는
성당 안에 가래침을 퉤하고 뱉는 거라.
한 사람이 그러면 또 다른 사람이 하고.
성당 안이 어떻게 되겠습니까.

조선선비들 성당에서 "어험 어험"